계명교양총서 64

구약성경

욥기. 전도서. 시편

정중호 역해

구약성경

욥기. 전도서. 시편

펴낸날 2017년 2월 17일 – 초판1쇄 발행
2023년 1월 27일 – 초판2쇄 발행
역해자 정중호
펴낸이 신일희

펴낸곳 계명대학교출판부
42601 대구광역시 달서구 달구벌대로 1095
전화 053) 580-6233 팩스 053) 580-6235
http://www.kmupress.com
등 록 1970.9.1.(신고번호 제347-1998-1호)
ISBN 978-89-7585-770-6 03230
값 11,000원

이 도서의 국립중앙도서관 출판예정도서목록(CIP)은 서지정보유통지원시스템 홈페이지(http://seoji.nl.go.kr)와 국가자료공동목록시스템(http://www.nl.go.kr/kolisnet)에서 이용하실 수 있습니다.(CIP제어번호: CIP2017003470)

계명교양총서 64

구약성경

욥기. 전도서. 시편

정중호 역해

책 머리에

구약성경 가운데 욥기와 전도서는 지혜문학에 속하고 시편은 오늘날 찬송가라 할 수 있다. 지혜문학의 특징은 인간의 경험에서 느낀 점과 깨달은 점을 모은 것이라 할 수 있다. 따라서 하나님께서 말씀하신, 즉 위에서 내려오는 것이 아니라 아래에서 올라가는 것이다. 그러나 이러한 깨달음도 하나님의 영에 감동된 것이기에 결국 하나님의 뜻과 연결될 수 있는 것이다.

시편도 하나님의 은혜에 응답하는 형식을 취하고 있는데 악보는 사라지고 가사만 남아 있는 형태다. 시편을 읽고 있으면 찬송도 되고 기도도 되는 것을 경험할 수 있다. 그리고 이성과 감성이 조화를 이루며 감동을 또한 경험할 수 있다.

본서를 읽기 전에 몇 가지 염두에 두어야 할 사항이 있어 안내를 해보면 다음과 같다.

하나님의 이름을 왜 '여호와'로 표기하는가?

히브리어로 기록된 원래의 성경에는 하나님의 이름이 나타나 있지만 이스라엘 사람들은 감히 하나님의 이름을 함부로 부르지 못하였고 다만 '주님'이라는 뜻으로 '아도나이'로 불렀다. 이러한 세월이 수 천 년 지속되자 원래 하나님의 이름을 어떻게 발음해야 하는지를 잊어버렸고 아무도 알 수가 없었다. 한글로 성경을 번역할 때는 '여호와'(개역개정본), 혹은 '야훼'(공동번역본), 혹은 '주님'(표준새번역본) 등으로 번역되어 있지만 일반적으로 기독교계에서 '여호와'라는 이름을 보편적으로 사용하고 있기에 소통을 위하는 차원에서 본서에서도 '여호와'로 표기한다. [1]

직역과 의역

문장의 뜻을 전하려고 애를 쓰기는 하지만 문장을 정확하게 전달하기 어려운 의역을 택하기보다 직역을 택하여 번역하려고 한다. 왜냐하면 내용을 공부하고 연구하려는 사람에게는 히브리어 문장에 무슨 단어가 있는지 확인할 수 있다면, 좀 더 정밀하고 정확하게 내용의 핵심에 접근할 수 있기 때문이다. 그러나 문맥이 통하지 않고 설명을 해야만 이해될 수 있는 부분일 경우 의역을 하는 경우도 있다.

욥기, 전도서, 시편의 저본

본서에 번역된 욥기, 전도서, 시편의 본문은 히브리어 고대 성경 사본인 레닌그라드 사본을 위주로 번역하였지만 헬라어 구약성경인 칠십인역(LXX)을 참조하여 번역하였다. 따라서 기존의 한글번역 성경과 차이 나는 부분이 있을 수 있다. 레닌그라드 구약사본은 1008년에 필사된 '레닌그라드 B19a'로 알려져 있으며 러시아 페테스브르크에 있는 러시아국립도서관에 소장되어 있다. 이 사본은 A. Alt and O. Eissfeldt, *Biblia Hebraica* 3판(1935)의 본문으로 사용되었다.

1_ 참고로 학자들은 원래의 발음일 것으로 추정되는 '야웨'혹은 '야훼'라는 표기를 선호하고 있다.

책 읽기를 위해

욥기, 전도서, 시편은 한 권의 책에 담기에는 너무 방대하기에 욥기와 시편의 경우에는 번역과 해석을 하지 않은 부분이 있다. 그러나 전도서는 짧기에 모두 번역하고 해석을 하였다.

그리고 책을 읽기 전에 책 뒷부분에 있는 해설을 먼저 읽고 책읽기를 시작하기를 권한다. 왜냐하면 고대의 책이기에 해설을 읽으면 보다 더 쉽게 이해될 수 있기 때문이다.

각 부분을 번역하면서 〈해석〉 부분을 첨가하였는데 성경을 쉽게 이해할 수 있도록 돕는 의미에서 추가한 것이다. 번역을 먼저 읽든 해석을 먼저 읽든 상관은 없지만 반드시 해석을 읽기를 권한다.

2016. 6.
계명대학교 연구실에서
정 중 호

차례

책머리에 05

제1부 욥기

I. 머리말 1:1-2:13 13
II. 대화부분 3:1-42:6 21
III. 맺는 말 42:7-17 102

제2부 전도서

I. 머리말 1:1-11 107
II. 삶을 관찰함 1:12-6:9 112
III. 전도자의 결론 6:10-11:6 132
IV. 맺는 말 11:7-12:8 151
V. 후기 12:9-14 154

제3부 시편

제1권 159
제2권 196
제3권 210
제4권 216
제5권 226

해설

제1부 욥기 261

제2부 전도서 264

제3부 시편 267

제4부 지혜문학과 시편의 한국 수용사 274

참고문헌

참고문헌 281

욥기

제 1 부

Ⅰ. 머리말 1:1-2:13

Ⅱ. 대화부분 3:1-42:6

Ⅲ. 맺는 말 42:7-17

제1부 욥기

Ⅰ. 머리말 1:1–2:13

| 구조 |

1:1–5	머리말 – 욥을 소개함
6–12	하늘의 제1광경
13–22	땅의 제1광경 (욥의 첫 번째 시험)
2:1–6	하늘의 제2광경
7–10	땅의 제2광경 (욥의 두 번째 시험)
11–13	맺는 말 – 욥의 세 친구를 소개함

1:1–5 머리말 – 욥은 어떠한 인물인가?

1. 우스라는 곳에 그의 이름이 욥이라는 한 남자가 살고 있었다. 그는 흠이
없고 정직하였으며, 하나님을 경외하였고 악을 멀리하는 사람이었다.
2. 그리고 아들 일곱과 딸 셋이 그에게 태어났다.
3. 그의 소유물로는 칠천 마리의 양, 삼천 마리의 낙타, 오백 쌍의 겨릿소[1],
오백 마리의 암나귀가 있었고, 종도 아주 많이 있었다. 그는 동방의 모
든 사람들 중에서 위대한 사람이었다.
4. 그의 아들들은 각각 자기 생일에 자기의 집에서 잔치를 베풀고, 보내어
그들의 세 누이들도 오라고 해서 함께 음식을 먹고 마시곤 하였다.

1_ '겨리'란 소 두 마리가 끄는 쟁기를 가리킨다. 중동 지역에는 소 두 마리가 하나의 멍에를 메고 쟁기를 끄는 경우가 많았다.

5. 그들의 잔칫날이 끝난 후, 욥은 그들을 보내어 거룩하게 하고, 아침에 일찍 일어나서 그들의 수대로 일일이 번제를 드렸다. 이는 욥이 말하기를 혹시 내 아들들이 죄를 범하여 마음으로 하나님을 욕되게 하였을까[2] 함이라. 욥의 행위가 항상 이러하였다.

〈해석〉

욥기의 첫 부분은 "우스라는 곳에 그의 이름이 욥이라는 한 남자가 살고 있었다…"로 시작된다. 마치 "옛날 옛적 어느 마을에 욥이란 사람이 살았는데…" 하는 식의 이야기의 서두 같아 보인다. 그리고 욥이 누구인지 더 이상 자세히 소개하지 않는다. 그리고 성경의 다른 부분에서는 욥이라는 사람 이름이 에스겔(14:14, 20)에 노아와 다니엘과 더불어 위대한 인물 중의 한 사람으로 기록되어 있을 뿐이다. 따라서 욥이 실재 인물일 가능성도 있지만 그것이 욥기를 이해하는데 있어서 결정적인 핵심이라 할 수는 없다. 오히려 이야기로서 욥기를 읽을 필요가 있다.

첫 부분에, 욥이 조금도 흠잡을 데가 없는 훌륭한 사람임을, 의로운 사람임을 알려주고 있다. 욥은 이스라엘이 아닌 외국 땅 우스라는 곳에 살고 있었던 외국인이었지만 하나님을 경외한 인물이었고 큰 부자였지만 자녀들을 교육시키고 이끌어가는 모습에 있어서 언제나 하나님 앞에 떳떳이 설 수 있도록 모든 노력을 기울이는 인물로 소개하였다. 그야말로 동방의 의인이라 할 수 있는 위대한 인물이었다.

욥이 살고 있었던 '우스'의 위치는 정확히 알 수 없지만 대략 에돔

2_ '그들이 (하나님을) 욕되게 하다'로 번역된 히브리어 '베르쿠'의 뜻은 '찬양하다'라는 뜻이다. 이러한 단어를 사용한 이유는 성경에 감히 '(하나님을) 욕되게 하다'라는 표현을 사용할 수 없어서 다른 단어로 완곡하게 표현한 것이다.

남쪽지역이라 추정할 수 있다. '번제'란 동물을 제물로 드리는 제사이며 제단 위에서 모두 태워 드리는 제사를 가리킨다.

1:6–12 하늘의 제1장면 – 욥을 시험하도록 허락하시는 하나님

6. 하루는 하나님의 아들들이 와서 여호와 앞에 섰는데, 사탄이 그들 가운데에 왔다.
7. 여호와께서 사탄에게 "어디를 다녀오는 길이냐?" 하고 물으셨다. 사탄은 여호와께 "땅을 두루 돌아 여기저기 다녀왔습니다" 하고 대답하였다.
8. 여호와께서 사탄에게 말씀하셨다. "너는 내 종 욥을 주의하여 보았느냐? 이 세상에서 그 사람만큼 흠이 없고 정직하며 하나님을 경외하고 악을 멀리하는 사람은 없다."
9. 그러자 사탄이 여호와께 아뢰었다. "아무것도 없는데도 욥이 하나님을 경외하겠습니까?
10. 주께서 그와 그의 집과 그가 가진 모든 것 주위에 울타리로 두르지 않으셨습니까? 주께서 그의 손으로 하는 것을 복 주셔서, 그의 소유물이 땅에서 넘치게 하셨습니다.
11. 그러나 주께서 손을 펴서 그가 가진 모든 것을 치시면, 그는 틀림없이 주님 앞에서 주님을 저주할 것입니다."
12. 여호와께서 사탄에게 말씀하셨다. "보라! 그가 가진 모든 것을 다 네 손에 맡기겠다. 다만, 그의 몸에는 손을 대지 말아라." 이에 사탄이 여호와 앞에서 물러갔다.

〈해석〉

하늘나라에서 개최된 하나님의 회의 장면이 나타나는데, 하나님은 '사탄'을 포함한 '하나님의 아들들'과 함께 회의에 참석하신 모습이 나타난다. 특이한 것은 '사탄'이 마귀의 두목이 아니라 하나님의 명령을 수행하는 하나님의 일꾼으로 나타난다는 점이다.

이 장면에서 주목할 것은 하나님이 사람인 욥을 참으로 자랑스러워하신다는 사실이다. 그리고 욥을 신뢰하시는 하나님의 모습이 참으로 돋보인다. 사람이 하나님을 신뢰하고 믿는 것보다 오히려 하나님께서 사람을 신뢰하시는 것이 더 크지 않겠는가 하는 생각이 들 정도다.

그리고 중요한 것은, 이 회의에서 내려진 하나님의 명령 때문에 욥이 고난을 당한 것이지 사탄의 계략에 의해 욥이 고통당한 것이 아니라는 점이다. 하나님이 욥을 부자로 만들었기 때문에 욥이 하나님께 신실하고 훌륭한 사람이 된 것이라는 사탄의 주장에 반박하기 위해 욥을 시험하도록 허락하신 것이다. 그러나 정작 욥과 친구들은 하늘에서 이러한 일이 일어났는지 전혀 알지 못하였다.

사탄이 제기한 것, 즉 복 받기 위해 종교인이 된다는 주장은 오늘날에도 많이 이야기되고 있다. 진실 된 종교인이라면 하나님과의 인격적인 만남이 가장 소중한 것이다. 복을 주시는 것은 하나님의 자유로운 선물일 뿐이다. 만일 복을 받아야만 신을 섬기게 되는 종교인이라면 이미 문제가 있다고 볼 수 있다.

1:13–22 땅의 제1장면 – 자녀와 모든 재산을 잃은 욥

13. 하루는, 욥의 아들과 딸들이 맏이의 집에서 음식을 먹으며, 포도주를 마시고 있었을 때에
14. 사자(使者) 하나가 욥에게 와서 말하였다. "소는 밭을 갈고 나귀는 그 근처에서 풀을 뜯고 있었는데,
15. 스바 사람들이 갑자기 들이닥쳐, 그것들을 빼앗고, 종들을 칼로 쳐서

죽였습니다. 저 혼자만 겨우 피하여 당신께 말하려고 왔습니다."
16. 그가 아직 말을 하는 중에, 또 다른 사람이 와서 말하였다. "하늘에서
하나님의 불이 떨어져서, 양 떼와 목동들을 불태워 버렸습니다. 저 혼
자만 겨우 피하여 당신께 말하려고 왔습니다."
17. 그가 아직 말을 하는 중에, 또 다른 사람이 와서 말하였다. "갈대아 사
람 세 무리가 낙타 떼에 달려들어 빼앗아가고, 종들을 칼로 쳐서 죽였
습니다.
저 혼자만 겨우 피하여 당신께 말하려고 왔습니다."
18. 그가 아직 말을 하는 중에, 또 다른 사람이 와서 말하였다. "주인의 아
드님과 따님들이 큰 아드님 댁에서 음식을 먹으며, 포도주를 마시고 있
었는데,
19. 아! 광야에서 폭풍이 불어와, 그 집 네 모퉁이를 내리쳤고, 그 청년들 위
에 무너져 그들이 죽었습니다. 저 혼자만 겨우 피하여 당신께 말하려
고 왔습니다."
20. 이에 욥이 일어나 겉옷을 찢고 머리털을 밀고, 땅에 엎드려 경배하며,
21. 말씀드렸다.
"모태에서 알몸으로 나왔으니, 알몸으로 그리로 돌아갈 것이라.
여호와께서 주셨고 여호와께서 거두셨도다.
주의 이름을 찬양할 뿐이라."
22. 이 모든 일에 욥이 죄를 짓지 않았으며, 하나님을 원망하지도 않았다.

〈해석〉

어느 날 갑자기 욥에게 무서운 재앙이 닥쳐와서 모든 것을 앗아갔다. 자녀들도 죽었고 소유물도 모두 사라져버렸다. 하나님의 허락을 받아 사탄이 시행한 일이었지만 욥은 이 사실을 전혀 몰랐으니 욥으로서는 그야말로 통곡할 일이었고 넋이 나갈 일이었다.

큰 슬픔을 당했을 때 중동 지역의 관습은 겉옷을 찢으며 통곡하는 것이었다. 욥은 머리털까지 밀고 땅에 엎드려 하나님께 경배하며 참으로 놀랄만한 신앙고백을 드렸다. 하나님을 조금도 원망하지 않고 담담히 하나님께서 하신 일이라 여기며 하나님께 찬송을 드렸다. 하나님께서 자랑스러워하실 만한 인물이 바로 욥이었던 것이다. 하나님께서 복을 주셨기 때문에 욥이 하나님을 향하여 신실한 행동을 한 것이 아니라는 사실을 확인시켜 주는 행동이었다. 사탄의 주장이 여지없이 무너지는 순간이었고, 사람을 신뢰하시는 하나님께서 승리하시는 순간이었다.

2:1-6 하늘의 제2광경 – 욥의 질병을 허락하시는 하나님

1. 하루는 하나님의 아들들이 와서 여호와 앞에 섰는데, 사탄이 그들 가운데에 와서 하나님 앞에 섰다.
2. 여호와께서 사탄에게 "어디를 다녀왔느냐?" 하고 물으셨다. 사탄은 여호와께 "땅을 두루 돌아 여기저기 다녀왔습니다" 하고 대답하였다.
3. 여호와께서 사탄에게 말씀하셨다. "너는 내 종 욥을 주의하여 보았느냐? 이 세상에서 그 사람만큼 흠이 없고 정직하며 하나님을 경외하고 악을 멀리하는 사람은 없다. 네가 나를 부추겨서, 그를 해치려고 하였지만, 그는 여전히 자기의 온전함을 굳게 지켰다"
4. 사탄이 여호와께 아뢰었다. "가죽은 가죽으로 대신합니다. 사람은 자기 생명을 지키는 일이면, 자기가 가진 모든 것을 내 놓습니다.
5. 이제 주의 손을 펴서 그의 뼈와 살을 치시옵소서. 그리하시면, 틀림없이 주님 앞에서 주님을 욕할 것입니다!"
6. 여호와께서 사탄에게 말씀하셨다. "내가 그를 네 손에 맡기겠다. 그러나 그의 생명만은 건드리지 말아라!"

〈해석〉

무엇인가 하나님께서 주시는 것이 있으니 하나님을 경외한다는 사탄의 주장은 계속되었다. 그래서 이번에는 신체에 병이 나게 한다면 틀림없이 하나님을 욕하게 될 것이라 주장하였다. 하나님은 이번에도 욥을 신뢰하시면서 사탄에게 허락하시되 생명만은 손대지 못하게 하셨다.

"가죽은 가죽으로 대신합니다"(4절)라는 구절은 고대의 격언으로 짐작되는데 그 의미는 모호하다. 아마도 첫 번째 가죽은 욥의 소유물을 가리키고 두 번째 가죽은 욥의 신체를 가리키는 것으로 보인다. 소유물이 사라지는 것보다 신체를 고통스럽게 하는 것이 훨씬 더 큰 타격을 줄 수 있다는 뜻이다.

2:7-10 땅의 제2광경
- 신체의 고통 속에서도 하나님을 욕하지 않은 욥

7. 이에 사탄이 여호와 앞에서 물러나, 욥을 쳐서 발바닥에서부터 정수리에까지 종기가 나도록 하였다.
8. 그래서 욥이 잿더미에 앉아서, 질그릇 조각으로 자기 몸을 긁고 있었다.
9. 그러자 아내가 그에게 말하였다. "이래도 당신은 여전히 신실함을 지킬 겁니까? 하나님을 욕하고 죽으시오."
10. 그가 대답하였다. "당신의 말이 어리석은 여자들처럼 말하는구려. 우리가 하나님께 복을 받았으니 화도 받지 아니 하겠소?" 이 모든 일에서도 욥은 말로 죄를 짓지 않았다.

〈해석〉

하나님께서 허락하신 두 번째 재앙은 온 몸에 종기가 나는 신체의 고통이었다. 너무나 참담한 모습에 욥의 아내는 보다 못해 하나님을 욕하고 죽으라고 하였다. 이러한 말은 가족으로서 참기 어려워 비명을 지르는 것과 같다. 고통 중에서도 욥은 아내를 위로하면서 온 힘을 다해 버티고 있었다.

그러나 이번에도 욥은 입술로 죄를 짓지 않았다. 무사히 시험에 통과한 것이다. 사탄의 주장은 여지없이 무너졌고 사람을 신뢰하시는 하나님은 완벽하게 승리하셨다. 비록 입술로는 죄를 짓지 않았지만 욥의 속마음은 부글거리고 있었던 것 같다. 무슨 까닭으로 하나님께서 자신에게 이러한 재난과 고통을 주시는지 알 길이 없는 욥은 혼란에 접어들었다.

2:11-13 땅의 제3장면 – 세 친구가 욥을 찾아오다

11. 그 때에 욥의 친구 세 사람이 이 모든 재앙이 그에게 내렸다 하는 소식을 듣고 각각 자기 지역에서부터 이르렀으니, 곧 데만 사람 엘리바스와 수아 사람 빌닷과 나아마 사람 소발이었다. 그들이 욥을 위문하고 위로하려고, 서로 약속하고 온 것이다.
12. 그들이 멀리서 눈을 들어 욥을 보았으나, 그가 욥인 줄 알지 못하였다. 그들은 소리 높여 울면서 각각 자기의 겉옷을 찢고, 또 하늘을 향하여 티끌을 날려 자기 머리에 뿌렸다.
13. 그들은 밤낮 칠 일 동안을 욥과 함께 땅에 앉아 있으면서도, 욥이 겪는 고통이 너무도 심한 것을 보았기에, 그에게 한 마디도 말하는 친구가 없었다.

〈해석〉

욥의 세 친구들이 욥이 큰 어려움을 겪고 있다는 소식을 듣고 서로 연락하여 욥을 위로하러 찾아왔다. 친구들은 에돔 지역에 있는 데만에서 그리고 어느 지역인지 알 수 없지만 수아와 나아마 지역에서 욥에게 찾아왔다. 그러나 욥의 고통이 너무나 심하고 참담하여 일주일 동안 아무 말도 하지 못하고 곁에 앉아 있기만 하였다.

여기까지 욥이 하나님의 시험을 당하고 있는 이야기가 산문체로 이어졌다. 내용은 첫 부분에 욥을 소개하고 이어서 하늘과 땅의 다섯 장면으로 구성되어 있었다. 그 다음 이어지는 장면은 대화하는 장면들인데 시(詩)로 기록되어 있다.

II. 대화부분 3:1–42:6

A. 욥의 독백 – 3:1–26
B. 세 친구와의 대화 – 4:1–27:23
C. 지혜시편 – 28:1–28
D. 욥의 열변 – 29:1–31:40
E. 엘리후의 말 – 32:1–37:24
F. 하나님과 욥의 대화 – 38:1–42:6

A. 욥의 독백 3:1–26

1. 그 후에 욥이 입을 열어 자기의 생일[3]을 저주하였다.

3_ 히브리어 성경에서는 '그의 날'이라고만 되어 있지만 2절 이하의 내용이 생일을 저주하는 내용이기에 '그의 날'을 '자기의 생일'로 번역한다.

2. 욥이 대답하여[4] 말하였다.
3. "내가 태어나던 날이 사라져 버렸더라면,
'남자 아이를 배었다'고 말하던 그 밤도 그러하였더라면,
4. 그 날이 캄캄하였더라면,
하나님이 위에서 살펴주시지 않으셨더라면,
빛도 그 위에 비추지 않았더라면,
5. 어둠과 죽음의 그늘이
그 날을 제 것이라 주장하였더라면,
구름이 그 위에 덮였더라면,
날의 어둠이 두렵게 하였더라면,
6. 그 밤이 캄캄한 어둠에 잡혔더라면,
해의 날 수 가운데 기쁨이 되지 말았더라면
달의 수에 들지 않았더라면,
7. 아! 그 밤에 자식을 배지 못하였더라면,
그 밤에 즐거운 소리가 나지 않았더라면,
8. 날을 저주하는 자들 곧 리워야단을[5] 일으킬
준비가 된 사람들이
그 밤을 저주하였더라면,
9. 그 밤에 새벽 별들이 어두웠더라면,
그 밤이 빛을 바랄지라도 얻지 못하였더라면,

4_ 히브리어 '야안'이라는 단어는 '대답하다' 혹은 '말하다'로 번역할 수 있다. 문제는 앞에서 말한 사람이 없는데 욥이 '대답하다'라는 단어를 사용하여 말한다는 것이 문맥에 어울리지 않는다는 것이다. 그래서 이 단어를 번역하지 않거나(『표준새번역』) 혹은 '입을 열어'라고 번역하기도 한다(『개역개정』). 그러나 이러한 표현은 엘리바스가 대답하는 4장 1절에도 나타나며, 욥기 전반에 걸쳐서 새로운 인물이 말을 시작할 때마다 나타나는 전형적인 표현이다(욥기 6:1; 8:1). 그리고 앞에서 누군가 말을 한 사람이 있었을 가능성도 있기 때문에 '대답하다'로 번역한다.

5_ '리워야단'이란 히브리어를 음역한 것인데 바다 괴물을 가리킨다.

동트는 것도 보지 못하였더라면, 좋았을 것을!

10. 이는 그 분이
    내 모태의 문을 닫지 아니하였기 때문이요,
    그래서 내 눈으로 고난을 보게 되었구나!
11. 어찌하여 내가 모태에서 죽지 않았던가?
    어찌하여 내 어머니 배에서 나올 때에 죽지 않았던가?
12. 어이하여 무릎이 나를 받았던가?
    어이하여 내가 젖을 빨았던가?
13. 그렇게만 하지 않았더라면,
    지금 내가 평안히 누워서 자고 쉬었을 텐데.
14. 지금은 폐허이지만 자기를 위하여 건축하였던
    세상의 왕들과 고관들과 함께 있었을 텐데.
15. 혹은 금과 은으로 집을 채운
    통치자들과 함께 있었을 텐데.
16. 또는 아무도 모르게 낙태되어 살아있지 않았을 텐데.
    햇빛을 보지 못한 아기들 같았을 텐데.
17. 그 곳은 악한 사람들이 소란을 피우지 않으며,
    그 곳은 지친 사람들이 쉴 수 있는 곳인데.
18. 그 곳은 갇힌 사람들이 다 함께 평안히 있고,
    감독자의 소리를 듣지 아니하는 곳인데.
19. 그 곳은 낮은 사람과 높은 사람이 함께 있고
    노예가 주인으로부터 자유롭게 되는 곳인데!
20. 어찌하여 고통스러운 사람에게 빛을 주셨으며,
    쓰디쓴 인생에게 생명을 주셨는가?
21. 이러한 사람은 죽기를 기다려도 오지 아니하며,
    땅을 파고 숨은 보물을 찾기보다

더 죽음을 기다리다가,

22. 무덤이라도 찾으면

참으로 기뻐하고 즐거워하는데

23. 어이하여 길을 잃은 사람에게

하나님은 에워싸 버리시는가?[6]

24. 참으로 나는 음식 앞에서도 한숨이 나며

나의 신음 소리는 물이 쏟아지는 것 같다.

25. 참으로 내가 두려워하는 그것이 닥쳐왔고

내가 무서워하는 그것이 내게 왔구나.

26. 나에게는 평온도 없고 안정도 없고,

안식도 없고, 두려움만 오는구나!

〈해석〉

신음소리로 밤낮을 지새우던 욥이 드디어 7일간의 침묵을 깨고 입을 열어 말하기 시작하였다. 멀리서 찾아온 친구들도 너무나 참담한 욥의 모습을 보고는 일주일간 한 마디 말도 꺼내지 못하였다. 다만 옆에서 함께 아파하였다. 이러한 시간이 있은 후 드디어 앓는 소리만 내던 욥이 입을 열었다.

그런데 욥이 말하는 내용을 살펴보면 자기가 태어난 생일을 저주하고 왜 죽지 않고 태어났는가 하면서 탄식을 쏟아내는 것이었다. 이러한 내용은 동방의 의인이라고 하는 욥에게는 어울리지 않는 말로 들린다. 특히 생명을 주신 하나님께 대한 불경스러운 말로

6_ 이 절을 번역할 때 '빛을 주셨는고'라는 구절을 첨가하여 번역하는 경향이 있다(『개역개정』). 대부분의 영어번역에도 이러한 첨가 현상이 나타난다(KJV, NAS, NRS). 그러나 이러한 첨가는 히브리어 성경에도 없고 다른 사본의 근거도 없으며 문맥에 적합하지도 않다. 23절은 길을 잃고 헤매고 있는 욥에게 하나님께서 에워 싸버려 옴짝달싹 못하게 되었다는 하소연이라 할 수 있다.

간주된다. 왜 욥은 이러한 말들을 쏟아내었을까? 우리는 욥이 당하고 있는 극심한 괴로움과 참담한 처지를 먼저 살펴야 한다. 그리고 이러한 말들의 내용을 살피기 앞서서 고통을 참다못해 비명을 지르는 소리라는 점을 눈여겨보아야 한다. 그래서 '탄식'이라는 용어를 사용하는 것이다. 노인들이 '아이구 빨리 죽어야지'라고 말한다고 해서 그 노인이 자살하려한다고 생각하면 오산이다. 노인의 신세한탄이요 너무나 외롭고 힘들다는 것을 호소하고 탄식하는 특수한 표현이라는 점을 감안해야한다. 대예언자 예레미야도 극심한 고통 가운데서 자신이 태어난 날을 저주한 적이 있다; "내 생일이 저주를 받았더면… 어찌하여 내가 태에서 나와서 고생과 슬픔을 보며 나의 날을 부끄러움으로 보내는고…"(예레미야 20:14-18).

이처럼 '탄식'이라는 표현은 자신에게 닥쳐온 극심한 고통을 마음에서 쏟아내며 정신적인 치유를 위해 몸부림치는 모습이라 볼 수 있다. 그리고 이러한 탄식을 듣는 사람들이 그 탄식의 아픔과 무게를 나누어지는 효과도 기대할 수 있다. 한걸음 더 나아가 눈여겨 볼 것은 이 모든 고통과 두려움이 하나님의 허락이 있었기에 일어날 수 있다는 믿음을 유지하고 있다는 사실이다. 4절과 23절에 하나님을 언급하면서 욥은 어찌하여 하나님께서 이러한 고통과 어려움을 주셨는지에 대해 의문을 품고 있다는 사실을 발견할 수 있으며, 그 의문에 대한 해답이 하나님께 있음을 주목하고 있다는 사실도 발견할 수 있다. 그러나 욥은 아직 명확한 답을 얻지 못하였다. 다만 어둠 속에서 허우적거리며 희망의 실마리를 찾기 위해 좌충우돌하고 있는 것이다.

B. 세 친구와의 대화 4:1-27:33

1. 엘리바스와 욥 4:1-7:21

| 구조 |

1) 엘리바스의 말 4:1-5:27
(1) "죄 없이 망한 사람이 누구인가?" 4:1-11
(2) "사람이 어찌 하나님보다 의로울 수 있겠는가?" 4:12-5:7
(3) "하나님께 징계 받는 자가 복이 있다." 5:8-27
2) 욥의 대답 6:1-7:21
(1) "나는 불의한 일을 하지 않았다." 6:1-30
(2) "사람이 무엇이기에" 7:1-21

1) 엘리바스의 말 4:1-5:27

4:1-11 "죄 없이 망한 사람이 누구인가?"

1. 데만 사람 엘리바스가 대답하여 말하였다.
2. 누가 네게 말하면 네가 싫증을 내겠느냐?
그러나 누가 말하는 것을 참을 수 있겠느냐?
3. 보라! 전에 네가 여러 사람들을 가르쳤고,
약한 손을 강하게 하였다.
4. 넘어지는 자를 너의 말로 일으켜 주었고
약한 무릎을 네가 강하게 하였다.
5. 참으로 이제 이 일이 네게 닥치니
네가 견디기 어려워하고
이 일이 네게 닥치매 네가 놀라는구나.

6. 네 경외함이 네 자신감이 아니냐?
네 소망이 온전한 길을 걷는 것이 아니냐?
7. 제발 생각해보라. 누가 죄 없이 망하였는가?
정직한 사람이 멸망한 적이 어디 있는가?
8. 내가 본 대로는, 악을 밭 갈고
재난을 뿌리는 자는 그대로 거두더라.
9. 하나님의 입 기운에 멸망하고,
그의 콧김에 사라지는 것이라
10. 사자의 우는 소리, 젊은 사자의 소리,
어린 사자의 이빨이 부러졌구나!
11. 사자는 사냥한 것이 없어 죽어 가고,
암사자의 새끼는 흩어지는구나!

〈해석〉

세 친구 중 엘리바스가 조심스럽게 입을 열었다. 그러나 놀라운 것은 이 참담한 상황에 위로의 말을 할 것으로 짐작했는데 이 친구는 상처에 소금을 끼얹는 말을 쏟아 내고 있다는 점이다. 조심스럽게 먼저 욥이 약한 사람들을 도운 일을 이야기하기도 하였다. 그리고 너무 갑자기 참담한 일을 당했기에 욥이 갈피를 잡지 못해 당황해 한다고 이해하려고 노력은 하지만 비판의 화살을 정확하게 명중시키고 있다.

엘리바스가 말하려는 핵심은 욥에게 죄가 있기 때문에 이러한 재난과 고통을 당한다는 것이다. 특히 3장에서 욥이 말한 내용을 탄식으로 들으려고 노력은 하고 있지만 죄인이 죄를 자백하지 않고 뻔뻔스러운 말을 내뱉었다고 평가하였다. 그래서 제발 생각 좀 해보라(7절)고 권하면서 이제는 죄를 자백할 때라고 다그쳤다.

문제는 엘리바스가 왜 이러한 재난이 욥에게 닥쳤는지 정확히 모른다는 사실이다. 그럼에도 불구하고 엘리바스는 죄가 있기 때문에 벌을 받는다는 이제까지 믿어왔던 전통적인 사고방식과 신앙으로(시편 37:25; 잠언 12:21) 욥을 판단하고 훈계까지 하였다. 진단도 잘못했고 처방도 잘못한 것이다. 한 걸음 더 나아가 폭풍에 자식을 잃은 욥에게 부모 때문에 "암사자의 새끼는 흩어진다."(11절)는 말을 거침없이 하여 욥의 상처를 후벼 파는 행동을 하였다.

4:12-5:7 "사람이 어찌 하나님보다 의로울 수 있겠는가?"

12. 무슨 말씀이 내게 도둑같이 다가오고
    그 가느다란 소리가 내 귀에 들렸다.
13. 그 밤의 환상으로 인해 생각이 번거로울 때에,
    사람이 깊이 잠들 때에,
14. 두려움이 내게 밀려와 떨었으며,
    모든 뼈마디가 흔들렸다.
15. 어떤 영이 내 앞으로 지나가는데,
    내 몸에 털이 주뼛하였다.
16. 그 영이 서는데 나는 그 형상을 알아보지는 못하였다.
    한 형상이 내 눈 앞에 있었는데,
    가느다란 목소리를 내가 들으니,
17. "사람이 어찌 하나님보다 의롭겠느냐?
    사람이 어찌 창조주보다 깨끗하겠느냐?
18. 보라! 하나님은 그의 종이라도[7] 믿지 아니하시며,

7_ 여기서 '종'이란 노예를 가리키는 것이 아니라 하나님께서 신임하시는 충직한 사명자 혹은 신하를 가리킨다.

그의 사자라도 허물이 있다 하신다.

19. 하물며 흙집에 살며[8] 티끌로 터를 삼고,

하루살이 앞에서라도 무너질 사람이겠느냐?

20. 아침과 저녁 사이에 부스러져 버리며,

영원히 망하는데 기억하는 사람이 없구나.

21. 그들 가운데서 장막 줄이 뽑히지 아니하겠느냐?

그들은 지혜가 없이 죽을 것이다."

5장

1. 부르짖어 보아라. 네게 응답할 사람이 있겠느냐?

거룩한 자 가운데 그 누구에게로 향하겠느냐?

2. 미련한 자에게는 분노가 그를 죽이고,

어리석은 자에게는 시기가 그를 죽인다.

3. 내가, 내가 미련한 자가 뿌리 내리는 것을 보고

그의 집을 당장에 저주하였다.

4. 그의 자식들은 구원에서 멀고

재판에서 억울한 판결을 받아도

구해주는 사람이 없다.[9]

5. 그가 추수한 것은 굶주린 사람이 먹고,

가시나무에 걸린 것도 먹으며[10],

8_ '흙집'이란 흙으로 지음 받은 인간의 몸을 가리킨다. 흙으로 만들어졌으니 죽어서 흙으로 돌아갈 수밖에 없는 시간적인 한계가 있는 인생이라는 뜻이다.

9_ 히브리어 성경에는 '성문에서 억눌림을 당한다'로 되어 있다. 성문 앞에는 광장이 있고 성문에서 재판도 열린다. 성문에서 억눌린다는 것은 재판에서 억울한 판결을 받았다는 뜻이다.

10_ 이 구절은 번역하기 난해한 구절인데, 짐승들의 침입을 막기 위해 추수한 곡식 위에 가시나무들을 덮어 둔 광경을 연상시키는 표현이라 짐작된다. 결국 추수한 곡식을 남이 먹게 된다는 뜻이다.

올무가 그의 재산을 향하여 입을 벌린다.
6. 참으로 재난은 티끌에서 일어나는 것이 아니며,
고난은 흙에서 나는 것이 아니라.
7. 참으로 사람은 고난을 위하여 났으니,
불티가 위로 날아가는 것 같다.

〈해석〉

엘리바스는 이제 예언자처럼 특별한 환상을 보았다고 하면서 그가 본 것을 소개하였다. 환상의 내용을 보면 인간은 도무지 하나님 앞에서 의롭다 할 수 없고 흙으로 만들어진 보잘 것 없는 존재라는 것이다. 그러나 1장에서 욥을 의인이라 칭찬하시는 하나님의 인간관과는 사뭇 대조적이다. 오히려 엘리바스의 인간관은 사탄이 생각하는 인간관과 비슷하다(1:8-11참조). 그런데 엘리바스가 생각하는 인간관은 많은 사람들이 가지고 있는 전통적인 인간관이기도 하다.

엘리바스는 5장 7절에서 "사람은 고난을 위하여 났다"라고 하였는데 그 의미는 고난을 불러오는 존재가 바로 사람 자신이라는 뜻이다. 그 누구에게도 하소연할 수 없고 자신이 만들어 낸 것임을 강조한 것이다. 그래서 1절에 "거룩한 자 가운데 그 누구에게로 향하겠느냐?" 라고 말하면서 하늘에 호소할 데도 없다고 단언하였다. 거룩한 자란 하늘에 있는 존재를 가리킨다. 엘리바스는 어리석고 지혜가 없고 미련한 존재가 바로 인간이라 하였다. 욥은 몸이 아프면서도 자부심만큼은 가지고 있는데 엘리바스는 친구로서 위로는커녕 실망스러운 말을 쏟아내고 있다.

5:8–27 "하나님께 징계 받는 자가 복이 있다."

8. 그러나 나 같으면 하나님을 찾겠고,
나의 사정을 하나님께 털어놓을 것이다.
9. 하나님은 크고 측량할 수 없는 일을 행하시며,
기이한 일을 셀 수 없이 행하신다.
10. 비를 땅에 내리시고,
물을 밭에 보내시는 분이시다.
11. 낮은 사람을 높이시고,
슬퍼하는 사람을 일으켜 구원하신다.
12. 교활한 자의 간계를 꺾으시고
그들의 손이 성공하지 못하게 하신다.
13. 지혜롭다고 하는 사람들을
자기의 간계에 빠지게 하시며,
간교한 자의 계략을 실패로 돌아가게 하신다.
14. 그들은 낮에도 어두움을 만나고,
한낮에도 밤중처럼 더듬을 것이다.
15. 그러나 하나님은 강한 자의 칼과 그 입에서,
또한 그들의 손에서 가난한 사람을 구출하여 주신다.
16. 그러므로 가난한 자가 희망이 있고,
불의가 스스로 입을 다문다.
17. 보라! 하나님으로부터 징계를 받는자여,
전능자의 징계를 업신여기지 말라.
18. 참으로 하나님은 아프게 하시다가 싸매시며,
상하게 하시다가 그의 손으로 고치신다.
19. 그분은 여섯 가지 환난에서 너를 구원하시며,

일곱 가지 환난이라도 그 재앙이
네게 미치지 않게 하신다.
20. 그분은 기근 때에 죽음에서,
전쟁 때에 칼의 위협에서 너를 구해 주실 것이다.
21. 너는 혀의 채찍을 피하여 숨을 수가 있고,
멸망이 올 때에도 두려워하지 아니할 것이다.
22. 너는 멸망과 기근을 비웃으며,
들짐승을 두려워하지 않을 것이다.
23. 참으로 들에 있는 돌이 너와 계약을 맺겠고[11],
들짐승이 너와 화목하게 살 것이다.
24. 네가 네 장막의 평안함을 알고[12],
네 우리를 살펴도 잃은 것이 없을 것이다.
25. 네 자손이 많아지며,
네 후손이 땅의 풀과 같이 많아 질 줄을
네가 알게 될 것이다.
26. 네가 장수하다가 무덤에 이를 것인데,
마치 곡식 단을 제 때에 들어 올림 같을 것이다.[13]
27. 보라! 우리가 살펴본 바가 이와 같다.
들어 보라 그러면 네가 알게 될 것이다.

11_ 들에 있는 돌과 계약을 맺는다는 것은 밭을 갈아 농사를 지을 때 풍성한 수확을 얻을 수 있도록 땅이 협조한다는 뜻이기도 하고, 목축을 할 때 땅이 풍성한 풀을 제공한다는 뜻이기도 하다.

12_ 여기서 '장막'이라는 것은 유목민들의 집인 텐트를 가리킨다. 따라서 '장막'은 '집'을 의미하는 표현이기도 하다.

13_ 곡식 단을 제 때에 들어 올린다는 것은 곡식이 충실히 익어 추수 때에 알곡을 거둔다는 의미이니, 젊어서 죽지 않고 수명을 다하고 죽는다는 뜻이다.

〈해석〉

엘리바스도 욥에게 희망을 주고 싶어했다. 엘리바스는 주저하지 않고 욥의 모습이야말로 하나님으로부터 징계를 받은 것이라 단정하였다(17절). 그래서 엘리바스가 제시하는 것이 하나님께 기도하고 호소하라는 것이다. 특별히 강조하는 것은 죄를 고백하고 회개하라는 것이다.

엘리바스가 하나님을 소개하는 내용들은(9-16절) 참으로 정확하고 명확하다. 그리고 하나님께 회개하는 자에게 자비를 베푸시는 하나님의 모습도 정확하고 아름답게 묘사되어 있다(18-26절). 그러나 엘리바스가 잘못한 것이 있다. 우선, 욥의 정황을 이해하려는 노력을 기울이기보다 자신의 생각과 신학체계를 고수하고 강요하는 행동을 한 것이다. 둘째는 현란한 수사적 기술을 발휘하였지만 욥을 위로하기보다 오히려 상처에 소금을 뿌리는 말을 쏟아 부었다는 것이다.

사실 1-2장에서 읽었듯이 욥이 자기의 죄 때문에 하나님으로부터 형벌을 받은 것이 아니었다. 엘리바스는 이 사실을 모르기 때문에 일반적으로 이야기되는, 전통적으로 이야기 해왔던 생각과 신앙을 가지고 욥을 진단하고 처방한 것이다. 그러나 그 진단은 오진이었고, 당연히 처방도 잘못된 것이었다. 아무리 지혜롭고 학식이 높은 사람이라도 모르는 것이 있을 수 있다는 생각을 해야 하는데, 엘리바스의 생각은 거기까지 미치지 못하였다.

2) 욥의 대답 6:1–7:21

6:1–30 "나는 불의한 일을 하지 않았다."

1. 욥이 대답하여 말하기를,
2. "아, 나의 고난을 저울에 달아볼 수 있다면,
   나의 파멸을 저울 위에 모두 놓을 수 있다면,
3. 참으로 바다의 모래보다 더 무거울 것이다.
   그러므로 나의 말이 거칠었다.
4. 참으로 전능하신 분의 화살이 내게 박히니
   나의 영이 그 독을 마셨구나.
   하나님의 두려움이 나를 엄습하여 치는구나.
5. 풀이 있는데 들나귀가 울겠느냐?
   꼴이 있는데 소가 울겠느냐?
6. 싱거운 음식이 소금 없이 먹히겠느냐?
   달걀의 흰자위가 맛이 있겠느냐?
7. 내가 이런 것을 만지기도 싫어하니,
   역겨운 음식물 같기 때문이다.
8. 누가 나의 간구를 들어 줄까?
   나의 소원을 하나님께서 허락하시기를…[14]
9. 하나님이 나를 부수어 주시기를,
   그분이 손을 들어 나를 끊어 주시기를…
10. 그것이 오히려 내게 위로가 되고,
    무자비한 고통 가운데서도 내가 기뻐하는 것은,

14_ '소원'이라 번역한 히브리어 '티크와'는 '실'이란 뜻도 포함된 단어다. 욥의 소원은 죽는 것인데 가위로 실을 끊어버리듯이(9절) 단숨에 죽을 수만 있기를 바라는 뜻이 은연중 들어있는 단어이기도 하다.

거룩하신 이의 말씀을

내가 거역하지 아니하였기 때문이다.

11. 무슨 힘이 남아 내가 기다리겠느냐?

어떤 마지막이 있기에 내가 참을 수 있겠느냐?

12. 나의 기력이 돌의 기력이냐?

나의 살이 놋쇠겠는가?

13. 스스로 나를 도울 힘이 내 안에 없지 아니하냐?

나의 능력이 내게서 쫓겨나지 아니하였느냐?

14. 기가죽은 사람이 친구로부터 동정을 받아야 하는데…

전능하신 분을 경외했지만 그 분이 버린 사람을.[15]

15. 내 형제들은 개울과 같이 미덥지 못하고,

개울의 물살 같이 흘러가버리는구나.[16]

16. 얼음이 녹으면 물이 검어지고,

눈이 그 속에 감추어지더라도[17],

17. 따뜻한 시기가 되면 마르고,

더우면 그 자리에서 아주 없어져버린다.

18. 그들의 길이 구부러지다가

15_ 14절은 번역하기 어려운 절인데『개역개정』의 "낙심한 자가 비록 전능자를 경외하기를 저버릴지라도 그의 친구로부터 동정을 받느니라"라는 번역은 문제가 있다. 왜냐하면 욥이 거칠기는 하지만 하나님을 경외하는 것을 포기할 정도는 아니었기 때문이다. 히브리어 문장에서 '던져버리다(저버리다)'라는 동사의 주어가 문장의 순서상 바로 앞에 있는 '전능하신 분'일 가능성이 높다. 따라서 "…전능하신 분을 경외했지만 그 분이 버렸다"로 번역한다.

16_ 이스라엘의 개울은 대부분 마른 하천인 '와디'다. 비가 내리면 물이 콸콸 흘러가다가도 비가 그치면 금방 말라버리고 물 흔적을 찾기 어려운 물없는 시내가 되어 버린다. 따라서 이러한 개울은 평소에 물을 찾아보기 힘들고 도움을 주지 못하는 하천인 것이다. 그래서 예레미야는 "물이 말라서 속이는 시내"(예레미야 15:18)라 묘사하기도 하였다.

17_ 이스라엘의 기후에는 겨울에 비가 오는 우기가 있다. 때로는 눈이 오기도 하고 얼음이 얼기도 한다. 그 때에는 얼음과 눈이 녹아 개울에 탁한 물이 흘러가기도 한다.

광야로 들어가 사라져버린다.[18]

19. 데마의 대상들이 그것을 바라보고,

스바의 행인들도 그것을 사모하다가,

20. 그들이 믿었던 것에 실망하고,

거기 와서는 부끄러워한다.

21. 참으로 이제 너희는 아무것도 아니구나.

너희가 두려운 일을 보고 겁내는구나.

22. 내가 언제 너희에게 무엇을 달라고 말했더냐?

나를 위하여 너희 재물을 뇌물로 달라고 하더냐?

23. 내가 언제 말하기를 원수의 손에서

나를 구해 달라 하더냐?

폭군의 손에서 나를 속량해달라고 하더냐?

24. 나를 가르쳐라 내가 잠잠하리라.

내가 얼마나 잘못되었는지 깨닫게 하라.

25. 옳은 말이 얼마나 고통스러운지,

너희의 책망은 무엇을 책망함이냐?

26. 너희가 말을 책망할 생각을 하느냐?

절망적인 사람의 말은 바람과 같다.

27. 아! 너희는 고아를 제비 뽑으며,

너희 친구를 팔아 넘기는구나.

28. 이제 너희는 내게로 얼굴을 돌리라.

내가 너희를 대면하여 결코 거짓말하지 않을 것이다.

29. 제발 돌이키라! 악한 사람이 되지 말아라.

18_ 18절은 개울 줄기가 구불구불하게 흐르다가 광야로 가서 사라져 버리는 모습을 상상하게 만든다. 그러나 『개역개정』은 대상들이 광야에서 길을 잃어 죽음을 맞는 상황인 것처럼 번역하는 오류를 범했다.

돌이키라! 아직도 나의 의가 건재하다.

30. 내 혀에 어찌 악한 것이 있겠는가?
내 입이 어찌 속임을 분간하지 못하겠는가?

〈해석〉

친구인 엘리바스의 말에 대해 욥이 처음으로 응답을 하였다. 그런데 욥은 엘리바스의 말에 너무나 실망한 나머지 비명을 지르듯 자신의 억울함을 토로하였다. 이제는 더 이상 견딜 힘도 없다고 하소연 하였다. 욥은 자신이 당하고 있는 고통과 재앙이 얼마나 혹독하고 무거운지 살을 파고드는 화살과 같고 바다의 모래보다 무겁다고 소리쳤다.

그래서 하나님(전능하신 분)께서 자신을 죽여주시기를 간구하기도 하였다. 비록 하나님이 자신에게 화살을 쏘면서 독배를 마시게 하신 것과 같은 고통을 주셨지만, 그럼에도 불구하고 욥은 자신이 하나님의 말씀을 거역하지 않았고, 하나님을 경외했다는 점을 강조하였다.

또한 욥은 친구들에게 어떻게 이럴 수 있느냐고 불만과 억울함을 쏟아내었다. 친구들이 믿을 수 없는, 물 없는 시내 같고, 옳은 말을 한다면서 욥을 책망하며 찢어놓는다고 소리쳤다. 최소한 환란을 당한 친구에게 찾아왔으면 동정심이라도 발휘해야 하는데 오히려 욥을 비난하고 정죄하기에 바쁘다고 하였다. 욥은 자신이 거짓말 하는 것도 아니고 악한 말을 하는 것도 아니라는 사실을 알아달라고 친구들에게 하소연하였다.

7:1–21 "사람이 무엇이기에"

1. 땅 위에 사는 사람들을 위해서는
복무기간이 있지 아니하냐?
그의 날들이 품꾼의 날과 같다.
2. 헐떡이며 그늘을 바라는 종처럼
품삯을 기다리는 품꾼처럼
3. 그와 같이 내가 고통의 달들을 할당받았고
고달픈 밤들이 내게 작정 되었구나
4. 내가 누울 때면 말하기를
'언제 내가 일어날까?'
그러나 저녁은 길어서 새벽까지 온통 뒤척이는구나.
5. 내 살은 구더기와 흙덩이로 옷 입었고
내 가죽은 굳어졌다가 터지는구나
6. 나의 날들이 베틀의 북보다 빨리
아무 희망 없이 끝나는 구나.
7. "제 생명이 바람 같음을 기억 하십시오.
저의 눈이 다시는 좋은 것을 보지 못할 것입니다.
8. 저를 본 자의 눈이 다시는 저를 보지 못할 것이고
주의 눈이 저를 향하여도 저는 없을 것입니다.
9. 구름이 사라져가는 것처럼
그렇게 스올로 내려가는 자가
다시 올라오지 못할 것입니다.
10. 그는 다시 자기 집으로 돌아가지 못할 것이며
자기 처소도 다시 그를 알아보지 못할 것입니다.
11. 그러므로 제가 제 입을 다물지 아니하고

저의 영적인 고통 가운데서 말할 것입니다.
저의 쓰라림 가운데서 불평할 것입니다.

12. 제가 바다입니까? 바다 괴물입니까?
참으로 주께서 제게 보초로 지키십니까?

13. 참으로 제가 말하기를 '제 침상이 저를 위로하고
제 침대가 저의 한탄을 짊어질 것이라'고 할 때에

14. 주께서 꿈으로 저를 놀라게 하시고
이상으로 저를 두렵게 하셨습니다.

15. 저는 숨이 막혀 죽는 것을 택할 것입니다.
제 뼈(밖에 없는 몸)보다 죽음을 말입니다.

16. 제가 거절하고 영원히 살지 않을 것입니다.
저를 놓아주십시오. 참으로 저의 날은 잠깐입니다.

17. 사람이 무엇이기에 주께서 그를 크게 만드시며
주님의 마음을 그에게 두십니까?

18. 주께서 아침마다 그를 방문하시며
순간마다 그를 시험하십니까?

19. 어떻게 주께서 제게서 눈길을 돌리지 않으시며,
제가 침을 삼킬 동안도 저를 내버려 두지 않으십니까?

20. 제가 죄를 지었으면 제가 주께 무엇을 해야 합니까?
사람을 살피시는 분이시여!
어찌하여 저를 당신의 과녁으로 삼으셔서
제가 저 자신의 짐이 되게 하셨습니까?

21. 어찌하여 주님께서 저의 허물을 사하여 주지 아니하시며
저의 죄악을 제거해 주지 아니하십니까?
참으로 이제 제가 흙에 누우리니
주께서 저를 애타게 찾으셔도 저는 없을 것입니다."

〈해석〉

친구들 앞에서 욥은 계속해서 자신의 마음을 쏟아놓은 후 (1-6절), 하나님을 향하여 간절하게 하소연하면서 부르짖는다(7-21절). 욥은 친구들에게 자신의 모습이 제대하기만을 기다리는 군인 같고, 일이 끝나기만을 기다리는 일일노동자 같이 불쌍한 존재라고 자신의 처지를 토로한다. 언제 이 고통이 끝날 수 있을지 그 날 만을 기다린다는 것이다. 오히려 죽음이 빨리 오기를 바라는 마음을 드러낸 것이다.

사실 욥은 친구들에게 그렇게 많은 것을 기대할 수 없음을 점점 느끼기 시작했다. 그래서 오히려 하나님께 하고 싶은 말을 강하게 소리치면서 부르짖기 시작했다. 그리고 연속적으로 질문하기 시작했다.

'사람이 무엇이기에'라고 하면서 '바람'같이 한 순간에 사라져 버릴 인간에 불과한 자기를 어떻게 이렇게 대단한 존재인양 집요하게 숨 막힐 정도로 몰아치시는지 그 까닭을 알고 싶다고 소리친다. 심지어 사람이 죄를 지었다 하더라도 하나님에게 무에 그리 큰 영향을 미친다고 이렇게 집요하게 형벌을 내리시느냐고 항변한다. 욥의 외침은 거의 비명에 가까운 외침이며 꺼져가기 직전의 불꽃과 같이 타오르는 마음을 터뜨리고 있다.

극심한 고통을 당하고 있는 욥에게 비명소리가 터져 나오는 것은 자연스러운 모습이다. 그러나 사람을 너무 과소평가한다든가, 하나님에게 별로 영향을 미칠 수 없는 존재가 인간이라는 인간관에는 문제가 있다. 하나님은 인간을 높이 평가하며(시편 8편) 인간을 사랑하시기 때문에 인간으로 인해 큰 고통과 기쁨을 겪는 분이시다.

2. 빌닷과 욥 8:1-10:22

| 구조 |

8:1-22 빌닷의 첫 번째 말
9:1-24 욥이 친구에게 한 말
25-35 욥의 독백
10:1-22 욥이 하나님께 한 말

8:1-22 빌닷의 첫 번째 말

1. 수아 사람 빌닷이 대답하였다.
2. "언제까지 네가 이렇게 말할 것이냐?
네 입에서 나오는 말이 거센 바람과 같구나.
3. 하나님이 심판을 잘못하신다고 생각하느냐?
전능하신 분께서 공의를 굽게 하시겠느냐?
4. 네 자식들이 주님께 죄를 지었으니
주님께서 그들의 범죄에 따라 그들을 보내셨다.
5. 만일 네가 하나님을 간절히 찾으며
전능하신 분께 자비를 구하면,
6. 또 네가 깨끗하고 정직하면,
참으로 이제 주님께서 너를 보호하셔서
네 의로운 거처를 회복시켜 주실 것이다.
7. 네 처음은 미약하나
네 나중은 심히 창대하리라.
8. 청하건데 너는 옛 세대에게 물어 보라.
그들의 조상들이 터득한 일을 잘 생각해 보라.
9. 참으로 우리는 갓 태어난 사람과 같아서,

아는 것이 없으며,
땅 위에 사는 우리의 나날도 그림자에 지나지 않는다.
10. 조상들이 네게 가르쳐 주며 일러주지 않겠느냐?
조상들이 마음에 깨달은 바를 말하지 않겠느냐?
11. 늪이 아닌 곳에서 왕골이 어떻게 자라겠으며
물이 없는 곳에서 갈대가 어떻게 자라겠느냐?
12. 물이 말라 버리면,
왕골은 새 순이 돋아 아직 벨 때가 멀었는데도
다른 풀보다 먼저 마를 것이다.
13. 하나님을 잊는 모든 사람의 앞길이
이와 같을 것이며,
불경건한 사람의 희망은 사라질 것이다.
14. 그가 신뢰하는 것이 끊어지리니
그가 의지하는 것이 거미줄에 지나지 않는다.
15. 그가 그의 집을 의지하나
그것이 서 있지 못하고
그것을 굳게 붙잡아도 버티고 서 있지 못할 것이다.
16. 그는 햇빛 속에서 물이 올라오는 나무라.
그의 정원에서 그의 새 순이 나오고
17. 돌무더기 위에까지 그 뿌리가 엉키어서
돌 사이에 뿌리를 내린다고 해도,
18. 뿌리가 뽑히면, 서 있던 자리마저
'나는 너를 본 일이 없다'고 너에게 부인할 것이다.
19. 보라! 그것이 그의 길의 기쁨이니
그 흙에서는 또 다른 식물이 돋아난다.
20. 보라! 하나님은 순전한 사람을 물리치지 않으시며,

악을 행하는 사람의 손을 잡아 주지 않으신다.
21. 그분께서 네 입을 웃음으로 채워 주시며
네 입술에 즐거운 소리를 채우시나
22. 너를 미워하는 사람은 부끄러움을 당할 것이며,
악인의 장막은 없어질 것이다.

〈해석〉

빌닷의 첫 번째 말인데 요약하면 "옛날 사람에게 물어 보라."로 제시할 수 있다. 욥의 상황은 전혀 새로운 상황인데 빌닷은 전통적인 신학과 전통적인 생각으로 욥에게 잘못 충고하고 있는 것이다.

빌닷의 말을 들어보면 별로 잘못을 찾기 힘들 정도로 정교하고 정확하게 이야기하고 있다. 하나님이 어떻게 잘못 하실 수 있겠는가? 분명 욥에게 문제가 있어서 이러한 재난을 당하는 것이지 하면서 욥에게 회개하고 하나님의 자비를 구하라고 충고하고 있는 것이다. 그러나 이 충고는 욥에게 적절한 것이 아니었다.

빌닷의 말 가운데는 "네 처음은 미약하나 네 나중은 심히 창대하리라."(7절)는 유명한 구절도 있다. 상점이나 사업체가 번영하기를 바라면서 성경구절을 선물할 때 이 구절을 많이 사용한다. 그러나 이 구절은 원래 빌닷이 욥에게 지금이라도 회개하고 새롭게 시작하면 하나님께서 잘 인도해 주실 것이라는 희망을 주기 위해 한 말이었다. 그러나 그 말은 욥에게는 맞지 않는 잘못된 충고였다.

9:1-24 욥이 친구에게 한 말

1. 욥이 대답하여 말했다.
2. "참으로 그것이 그런 줄을 나도 알고 있다.

어찌 사람이 하나님과 같이 의롭겠느냐?
3. 만일 사람이 하나님과 논쟁을 한다고 해도,
그분의 천 마디 말씀에 한 마디도 대답하지 못할 것이다.
4. 하나님의 마음이 지혜로우시고 힘이 강하시니
누가 그를 거역하고 평안하겠느냐?
5. 그의 진노로 산을 뒤엎어
산들을 옮기셔도 그 산들이 알지 못하며
6. 땅을 그 밑뿌리에서 흔드시니,
땅을 받치고 있는 기둥들이 흔들린다.
7. 해에게 명령하시어 뜨지 못하게도 하시며,
별들을 가두신다.
8. 홀로 하늘을 기울이시며,
바다 위를 밟으신다.
9. 북두칠성과 삼성을 만드시고,
묘성과 남방의 밀실을 만드시며,
10. 측량할 수 없는 큰 일을 하시며,
헤아릴 수 없는 기이한 일을 행하신다.
11. 보라, 하나님이 내 곁을 지나가신다 해도 볼 수 없으며,
내 앞에서 걸으신다 해도 알 수 없다.
12. 보라, 그가 가져 가신다면 누가 도로 찾을 수 있으며,
누가 감히 그에게 왜 그러시느냐고 할 수 있겠느냐?
13. 라합을 돕는 무리도 그 아래 굽실거려도
하나님이 진노를 풀지 아니하시는데
14. 내가 어찌 감히 그분에게
한 마디라도 대답할 수 있겠으며,
내가 무슨 말로 말대꾸를 할 수 있겠느냐?

15. 비록 내가 옳다 해도 감히 아무 대답도 할 수 없다.
다만 나로서 할 수 있는 일은
나를 심판하실 그분께 간구할 뿐이다.
16. 만일 내가 부르짖어 그가 내게 응답하셨어도
그가 내 소리에 귀를 기울이셨다고
나는 믿지 않을 것이다.
17. 폭풍으로 그가 나를 치시며
공연히 나에게 많은 상처를 입히시는데,
18. 숨돌릴 틈도 주시지 않고
쓰라림만 안겨 주시는데
19. 힘이라면 보라! 그가 강하시고
심판이라 하면,
누가 그분을 재판정으로 불러올 수 있겠느냐?
20. 비록 내가 옳다고 하더라도,
내 입이 나를 정죄하는 것이고
비록 내가 흠이 없다고 하더라도,
그분께서 나를 틀렸다고 하실 것이다.
21. 비록 내가 흠이 없다고 하더라도,
나도 나 자신을 잘 모르겠고,
내가 내 생명을 거절하는구나
22. 나에게는 모든 것이 한 가지로만 여겨진다.
그러므로 나는 "그분께서는 흠이 없는 사람이나,
악한 사람이나, 다 한 가지로 심판하신다"
하고 말할 수밖에 없다.
23. 갑작스러운 재앙으로 다들 죽게 되었을 때에도,
죄 없는 자마저 재앙을 받는 것을 보시고

조롱하실 것이다.

24. 땅이 악인의 손에 주어졌고
주님께서 재판관의 눈을 가려서
제대로 판결하지 못하게 하신다.
그렇지 않다고 하면,
그렇게 하는 이가 누구란 말이냐?

〈해석〉

욥이 뜻밖에도 "인생이 어찌 하나님 앞에 의로우랴."(2절)고 말하면서 죄인임을 인정하는 듯이 보인다. 그러나 이 말은 오히려 비꼬고 풍자하는 말이다. 즉 인생이 의롭건, 불의하건 하나님의 능력과 맞서서 법정투쟁을 벌일 수도 없다는 자조적인 말인 것이다.

욥은 "그분께서는 흠이 없는 사람이나, 악한 사람이나, 다 한 가지로 심판하신다"(22절) 고 하나님을 비난한다. 욥은 자신이 까닭없이 상처를 입었는데 바로 하나님께서 그렇게 하셨다고 하였다. 욥기를 처음부터 읽어보면 욥의 말이 맞다. 그러나 이러한 욥의 말을 들은 친구들은 강력하게 욥이 잘못하고 있다고 규탄한다.

9:25–35 욥의 독백

25. 내 일생이 달리는 경주자보다 더 빨리 지나가므로,
좋은 세월을 누릴 겨를이 없습니다.
26. 그 날들이 갈대 배와 같이 빠르고 지나가고,
먹이를 덮치려고 내려오는 독수리처럼 지나가는구나.
27. 내가 말하기를 '내가 내 한탄을 잊어버리고,
슬픈 얼굴 빛을 고쳐서 애써 명랑하게 보이리라' 고 해도,

28. 내가 겪는 이 모든 고통이 다만 두렵기만 합니다.
이는 주님께서 나를 죄 없다고
여기지 않으실 줄 알기 때문입니다.
29. 나는 어차피 악한데
왜 내가 헛된 수고를 해야 합니까?
30. 비록 내가 눈 녹은 물로 자신을 씻고,
잿물로 손을 깨끗이 한다 해도,
31. 주님께서 나를 다시 구덩이에 처넣으시니,
내 옷인들 나를 좋아하겠습니까?
32. 하나님이 나와 같은 사람이 아니시기에
내가 그분께 대답할 수도 없고
함께 법정에 들어갈 수도 없고
33. 우리 둘 사이를 중재할 사람이 없고,
하나님과 나 사이를 판결해 줄 이가 없구나!
34. 내가 더 두려워 떨지 않도록,
하나님이 채찍을 거두시는 것.
35. 그렇게 되면 나는 두려움 없이 말하겠다.
그러나 참으로 나 스스로는 그렇게 할 수 없다."

〈해석〉

고통과 두려움의 흑암 속에서 욥은 실낱같은 불빛을 찾고 있다. 그러나 도무지 하나님께 말씀을 드릴 방법을 찾지 못하고 있기에 중재자를 간절히 원하고 있다.

욥의 말과 행동이 거칠기만 하지만 욥은 간절히 하나님을 찾아 헤매고 있으며 하나님과 대화하고 싶어 한다. 세월이 너무도 빠르게 지나감을 한탄하면서도, 욥은 오직 하나님을 만나기만을 간절히 고대하고 있다.

10:1–22 하나님을 향한 욥의 말

1. 산다는 것이 이렇게 괴로우니,
   제가 제 한탄을 다 털어놓고,
   제 영혼의 쓰라림을 다 말하겠습니다.
2. 제가 하나님께 말씀드리니 저를 죄인 취급하지 마십시오.
   무엇 때문에 저 같은 자와 다투시는지 알려 주십시오.
3. 주님께서 손수 만드신 이 몸을 주께서 압제하시며
   거절하시는 것이 좋으십니까?
   악인이 세운 계획에 주께서 빛을 비추십니까?
4. 주님에게는 육신의 눈이 있으십니까?
   주님께서도 매사를 사람이 보듯이 보십니까?
5. 주님의 날도 사람이 누리는 날처럼
   짧기라도 하단 말입니까?
   주님의 햇수가 사람이 누리는 햇수와 같겠습니까?
6. 참으로 주님께서 제 허물을 찾아내려고 하시며,
   제 죄를 들추어내려고 하십니까?
7. 주님은 제가 악하지 않다는 것과,
   주님의 손에서 저를 빼낼 사람이
   없다는 것을 아십니다.
8. 주님께서 손수 저를 빚으시고 지으셨는데,
   이제 와서, 돌아서 저를 삼키십니다.
9. 주님께서는, 진흙을 빚듯이
   몸소 이 몸을 지으셨음을 기억해 주십시오.

그런데 저를 먼지로 되돌아가게 하십니까?

10. 주님께서 우유처럼 저를 쏟으시며
치즈처럼 주께서 저를 굳게 하지 않으셨습니까?

11. 주님께서 살과 가죽으로 제게 입히시며,
뼈와 근육을 엮어서, 제 몸을 만드셨습니다.

12. 주님께서 저에게 생명과 사랑을 주시고,
저를 돌보셔서, 제 영을 지켜 주셨습니다.

13. 그러나 주님께서는
늘 나를 해치실 생각을 몰래 품고 계셨습니다.

14. 만일 제가 죄를 지었으면
주께서 저를 지키고 계시니
주께서는 저를 죄 없다 하지 않으실 것입니다.

15. 만일 제가 죄를 짓기만 하면
주님께서는 가차 없이 제게 고통을 주시지만,
제가 올바른 일을 한다고 해서
제가 제 머리를 들지 못하니
이는 제가 수치를 가득 덮어쓰고서,
고통을 몸으로 겪고 있기 때문입니다.

16. 제가 머리를 높이 들면
주께서 젊은 사자처럼 저를 사냥하시며
제게 주의 놀라움을 다시 나타내십니다.

17. 주께서 자주자주 증거하는 자를 바꾸어
나를 치시며 나를 향하여 진노를 더하시니
군대가 번갈아서 치는 것 같습니다

18. 어찌하여 주께서 저를 태에서 나오게 하셨습니까?
제가 숨을 거두어 어떤 눈도

저를 보지 않았으면 좋았을 것을
19. 제가 없었던 것 같이 되어서
태에서 바로 무덤으로 옮겨졌을 것입니다.
20. 제 날들은 적지 않습니까?
그런즉 그치시고 저를 버려두사
잠시나마 평안하게 하시되
21. 제가 돌아오지 못할 땅
곧 어둡고 죽음의 그늘진 땅으로
가기 전에 그리 하옵소서
22. 땅은 어두워서 흑암 같고
죽음의 그늘이 져서
질서가 없고 빛을 비추어도 어둡습니다

〈해석〉

욥은 하나님께 하소연 하듯 항변하였다. 그토록 정성을 다해 만든 인간을 어찌해서 사냥꾼이 사냥을 하듯 그렇게 집요하게 파괴시킬 수가 있느냐고 질문한다. 욥이 악하지 않다는 것을 아시는 하나님이 왜 때리느냐고 항변하고 있다.

욥은 과거에 알고 경험했던 하나님의 모습이 아니라고 하면서, 도무지 알 수 없는 이 상황에서 욥에 대한 정죄를 중지해 주시기를 간구하고 있다.

10-11절은 고대인들이 수태과정과 태아의 발육을 어떻게 이해했는지를 볼 수 있는 부분이며, 태아도 하나님이 창조하신 생명임을 말해 주고 있다.

3. 소발과 욥 11:1-14:22

소발의 말에 이어 욥의 대답이 나오는데, 욥의 대답은 22절로 구성된 3번의 연설로 이루어져 있다(12:2-25; 13:6-27; 14:1-22).

| 구조 |

소발의 말	11:1-20	'하나님의 신비'라는 무책임한 답변
욥의 말	12:1-14:22	
	12:1-25	강도의 장막이 형통함은 무슨 까닭인가?
	13:1-19	죽음을 무릅쓰고 하나님께 다가가는 욥
	13:20-14:22	두렵고 이해할 수 없는 고통의 문제

11:1-20 소발 – '하나님의 신비'라는 무책임한 답변

1. 나아마 사람 소발이 대답하여 말했다.
2. "말이 많으니 어찌 대답이 없겠느냐?
   말이 많은 사람이 어찌 의롭겠느냐?
3. 네 자랑하는 말에 사람들이 가만히 있겠느냐?
   네가 비웃는데 너를 부끄럽게 할 사람이 없겠느냐?
4. 너는 말하기를 '내 도는 정결하고
   나는 주께서 보시기에 깨끗하다' 하는구나.
5. 그러나 하나님께서 말씀하시고
   너를 향하여 입을 여셔야 할텐데
6. 하나님께서 지혜의 오묘함으로
   네게 보이시기를 원한다.
   참으로 그분의 지식이 광대하다.
   하나님께서 너로 하여금

너의 죄를 잊게 하여 주셨음을 알라.

7. 네가 하나님의 오묘함을 어찌 능히 측량하며
전능자를 어찌 능히 완전히 알겠느냐?

8. 하늘보다 높으시니 네가 무엇을 하겠으며
스올보다 깊으시니 네가 어찌 알겠느냐?

9. 그분의 크심은 땅보다 길고
바다보다 넓다.

10. 만일 하나님이 두루 다니시며
사람을 잡아 가두시고
재판을 여시면 누가 능히 막을 수 있겠느냐?

11. 참으로 하나님은 허망한 사람을 아시니
불의를 보시고도 간과하시겠느냐?

12. 미련한 사람이 똑똑해지기를 바라느니
차라리 들나귀가 사람 낳기를 기다려라.

13. 만일 네가 마음을 바로 정하고
주를 향하여 손을 들 때에

14. 만일 네 손에 죄악이 있거든 멀리 버리라
불의가 네 천막에 있지 못하게 하라.

15. 참으로 그리하면 네가 반드시
흠 없는 얼굴을 들게 되고
굳게 서서 두려워하지 않을 것이다.

16. 참으로 네가 고생을 잊어버릴 것이다.
네가 기억할지라도 이미 흘러간 물과 같을 것이다.

17. 네 생명의 날이 대낮보다 밝으리니
어둠이 있다 할지라도 아침과 같이 될 것이다.

18. 네가 참으로 희망이 있으므로 안심하여

네가 안전한 곳을 찾아 누우리니
19. 네가 누워도 두렵게 할 자가 없겠고
많은 사람이 네 얼굴을 바랄 것이다.
20. 그러나 악한 자들은 눈은 쇠해져서
피난처를 찾지 못하리니
그들의 희망은 숨을 거두는 것이다."

〈해석〉

소발은 보다 더 직선적으로 욥을 몰아세운다. "하나님께서 너로 하여금 너의 죄를 잊게 하여 주셨음을 알라."(6절)는 말은 욥을 죄인으로 단정하는 것이다. 따라서 욥은 지금 죄로 인해 형벌을 받고 있다고 결론을 내리는 것이다.

소발은 높으신 하나님과 낮고 낮은 인간을 대조하면서 사람은 지각없기로 들나귀 새끼 같다고 단정한다. 이러한 대조는 하나님을 높이려는 의도에서 나온 것이지만 욥에게는 적절한 위로나 처방이 될 수 없는 것이었다.

12:1-25 욥의 대답 – 강도의 장막이 형통함은 무슨 까닭인가?

1. 욥이 대답하여 말했다.
2. "너희만 참으로 백성이로구나
너희가 죽으면 지혜도 죽겠구나.
3. 나도 너희 같이 생각이 있어
너희만 못하지 아니하니
누가 이런 일을 모르겠느냐?
4. 하나님을 불렀을 때 응답을 받은 내가

친구들의 웃음거리가 되었으니
의롭고 순전한 자가 조롱거리가 되었구나
5. 고통을 당해 보지 않은 너희가
불행한 내 처지를 비웃고 있다.
너희는 발이 비틀거리는 자들을 보고 떠민다.
6. 강도의 장막이 형통하고
하나님을 진노하게 하는 자가 평안하니
하나님이 그의 손에 후하게 주시기 때문이다.
7. 이제 모든 짐승에게 물어 보라
그것들이 네게 가르치리라
공중의 새에게 물어 보라
그것들이 또한 네게 말하리라
8. 땅에게 말해 보라. 네게 가르치리라
바다의 고기도 네게 설명하리라
9. 이 모든 것들을 누가 알지 못하겠느냐?
여호와의 손이 이것을 행하신 줄을,
10. 모든 생물의 생명과
모든 사람의 영이 그분의 손에 있다는 것을.
11. 귀가 말을 분간하고
혀가 음식의 맛을 구별하지 않느냐?
12. 늙은 자에게는 지혜가 있고
장수하는 자에게는 명철이 있지 않느냐?
13. 지혜와 능력이 하나님께 있고
조언과 명철도 그분에게 있으시다.
14. 보라! 그분이 헐으시면 다시 세울 수 없고
사람을 가두시면 놓아주지 못한다.

15. 그분이 물을 막으시면 곧 마르고
물을 보내시면 땅을 뒤엎는다.
16. 능력과 지혜가 그분에게 있고
속은 자와 속이는 자가 다 그분에게 있다.
17. 모사를 벌거벗겨 끌어가시며
재판장을 어리석은 자로 보이도록 하신다.
18. 왕들의 띠를 푸시며
그들의 허리를 포승줄로 묶으신다.
19. 제사장들을 벌거벗겨 끌어가시고
권력이 있는 자를 파멸시키신다.
20. 신실한 사람들의 말을 물리치시며
장로들의 판단력을 빼앗으신다.
21. 귀인들에게 멸시를 쏟아 부으시며
강한 자의 띠를 풀어버리신다.
22. 하나님은 어둠 가운데서도 은밀한 것들을 드러내시며,
죽음의 그늘조차도 대낮처럼 밝히신다.
23. 나라들을 커지게도 하시고 다시 멸하기도 하시며
나라들을 널리 퍼지게도 하시고 다시 끌려가게도 하시며
24. 땅의 백성의 우두머리들의 총명을 빼앗으셔서
길 없는 거친 들에서 방황하게 하시며
25. 빛 없이 캄캄한 데를 더듬게 하시며
취한 사람 같이 비틀거리게 하신다."

〈해석〉

욥을 위로하러 왔던 세 친구와 욥이 대화를 한 번씩 하면서 욥의 긴 연설이 시작되었다(12:1-14:22). 그런데 욥은 친구들의 권고에

대해 무척 실망한 눈치다. 위로하기보다 욥을 꾸짖는 모습이 많았던 것이다.

욥은 말머리를 돌려서 차라리 짐승에게 물어 보라고 하면서 친구들보다 미천한 짐승이나 자연 만물이 더욱 심오한 지혜를 말할 수 있다고 말한다. 즉 이 모든 일은 하나님의 손에서 나왔고 하나님의 손 안에 있다는 사실을 지적한 것이다. 그런데 강도의 장막이 형통한 것을 어떻게 설명할 수 있느냐고 반문하면서 도무지 하나님의 뜻을 헤아리기가 힘들다고 소리친다. 욥은 여전히 어둠 속에서 탈출구를 찾지 못해 손을 휘젓고 있고, 친구들은 욥을 어둠 속에서 구출할 생각은 하지 않고 주변만 맴돌며 오히려 욥을 궁지로 몰아넣고 있다.

4. 빌닷과 욥 18:1-19:29

| 구조 |

빌닷의 말	18:1-21	악인의 등불이 꺼질 것이다.
욥의 말	19:1-29	
	1-22	나를 불쌍히 여겨다오.
	23-29	나의 구속자가 살아 계시다.

18:1-21 빌닷의 두 번째 말 - 악인의 등불은 꺼질 것이다.

1. 수아 사람 빌닷이 대답하여 말했다.

2. "언제까지 너희가 말의 함정을 놓을 것이냐?
깨달으라. 그 후에야 우리가 말할 것이다.

3. 어찌하여 우리를 짐승으로 여기며

왜 우리를 부정하게 보느냐?

4. 울분을 터뜨리며 자기 자신을 찢는 사람아
너 때문에 땅이 버림을 받겠느냐?
바위가 그 자리에서 옮겨지겠느냐?

5. 악인의 빛은 꺼지고
그의 불꽃은 빛나지 않을 것이요

6. 그의 장막 안의 빛은 어두워지고
그 것의 등불은 꺼질 것이다.

7. 그의 활기찬 걸음이 막히고
그가 마련한 꾀에 스스로 빠질 것이다.

8. 참으로 그의 발이 그물에 던져져서
올가미 위를 걸을 것이다.

9. 덫이 그의 발 뒤꿈치를 붙잡고
올무가 그를 얽어 맬 것이다.

10. 그를 잡을 덫이 땅에 숨겨져 있고
그를 빠뜨릴 함정이 길목에 있다.

11. 무서운 것이 사방에서 그를 놀라게 하고
그 뒤를 쫓아갈 것이며

12. 그의 힘은 기근으로 말미암아 지쳤고
그 곁에는 재앙이 기다릴 것이며

13. 질병이 그의 피부를 삼키리니
곧 사망의 장자가 그의 사지들을 먹을 것이다.

14. 그가 의지하던 그의 천막에서 그가 끊어져서
그는 공포의 왕에게로 잡혀가고

15. 그에게 속하지 않은 자가 그의 천막에 거하리니
유황이 그의 처소에 뿌려질 것이며

16. 밑으로 그의 뿌리가 마르고
위로는 그의 가지가 시들 것이며
17. 그에 대한 기억이 땅에서 사라지고
거리에서는 그의 이름이 사라질 것이다.
18. 그는 빛으로부터 어둠으로 밀려나니
세상 밖으로 쫓겨날 것이다.
19. 그는 그의 백성 가운데 아들도 없고 손자도 없으며
그가 거하던 곳에는 남은 자가 한 사람도 없을 것이다.
20. 그의 날로 인해 서쪽에서 오는 사람들이 떨게 되고
동쪽에서 오는 사람들이
공포에 사로잡히게 될 것이다.
21. 참으로 불의한 자의 집이 이러하고
하나님을 알지 못하는 자의 처소가 이러하다."

〈해석〉

빌닷이 과연 욥의 친구가 맞는가 할 정도로 비수같은 말을 쏟아 놓으며 욥의 마음을 찢어 놓는다. 욥을 악인으로 보며 하나님을 알지 못하는 불의한 사람으로 보고 있다. 욥을 위로하기보다 자신들이 짐승 취급받고 있다고 분노하고 있는 모습이다.

욥은 알지 못하고 당한 이 상황 속에서 좌충우돌 희망을 찾아 헤매고 있었지만 친구들 눈에는 욥이 하나님과 자신들을 멸시하고 있다고 생각한 것이다.

19:1-22 욥의 말 – 나를 불쌍히 여겨다오

1. 욥이 대답하여 말했다.

2. "언제까지 너희가 내 영혼을 괴롭히며
말로 나를 짓밟으려 하느냐?
3. 너희가 열 번이나 나를 모욕하고도
부끄러워하지 않아 나를 놀라게 하는구나
4. 비록 내게 허물이 있다 할지라도
그것은 내 문제일 뿐이고,
너희를 괴롭히는 것은 아니니다.
5. 참으로 너희가 나를 향하여 자만하며
내가 겪는 이 모든 고난도
내가 지은 죄를 증명한다고 하지만
6. 하나님이 나를 억울하게 하시고
올가미로 나를 에워싸신 줄을 알아야 할 것이다.
7. 보라! 내가 폭행을 당한다고 부르짖으나 응답이 없고
도움을 요청했으나 정의가 없구나
8. 그가 내 길을 막아 지나가지 못하게 하시고
내가 가는 길을 어둡게 하셨으며
9. 나의 영광을 거두어가시며
나의 머리의 관을 벗기셨다.
10. 사면으로 나를 헐으시니 나는 죽었구나.
내 희망을 나무 뽑듯 뽑으시고
11. 나를 향하여 진노하시고
원수 같이 보시는구나
12. 그 군대가 일제히 나아와서
그들이 나를 치려고 길을 돋우고
내 천막 사면에 진을 쳤구나
13. 나의 형제들을 나로부터 멀리 떠나게 하시니

나를 아는 모든 사람이 내게 낯선 사람이 되었구나
14. 내 친척들이 나타나지 않으니
내 친지들이 나를 잊었구나
15. 내 집에 머물러 사는 자와 내 여종들은
나를 낯선 사람으로 여기니
내가 그들 앞에서 외국 사람이 되었구나
16. 내가 내 종을 불러도 대답하지 아니하니
내 입으로 그에게 간청하여야 하겠구나
17. 내 아내도 내 숨결을 싫어하며
내 허리의 자식들도 나를 싫어하는구나
18. 어린 아이들까지도 나를 업신여기고
내가 일어나면 나를 조롱하는구나
19. 내 모든 친한 친구들이 나를 가증하게 여기며
내가 사랑하는 사람들이 등을 돌렸다.
20. 내 피부와 살이 뼈에 붙었고
남은 것은 겨우 잇몸 뿐이로구나.
21. 나의 친구들아 너희는
나를 불쌍히 여겨다오 나를 불쌍히 여겨다오
하나님의 손이 나를 치셨구나.
22. 어찌하여 너희가 하나님처럼 나를 박해하느냐?
내 살로도 부족하냐?

〈해석〉

욥은 이 고통이 하나님으로부터 왔다는 것을 강조한다. 심지어 폭행당하고 있다고 말하기도 한다. 욥이 얼마나 견디기 힘든지를 토로하는데 아내로부터 모든 가까운 사람들이 외면하고 아무리 비명을 질러도 돌아보는 사람조차 없다고 탄식한다. 그런데 친구들이 이러한 욥의 주장에 대해 동의할까? 과연 욥의 주장과 외침을 하나님은 어떻게 듣고 계실까? 욥기에 끝에 가면 그 해답을 얻을 수 있다.

19:23-29 욥의 말 – 나의 구속자가 살아 계시다!

23. 아! 나의 말이 기록되었으면,
아! 그 책에 씌어졌으면,
24. 철필과 납으로 영원히
그 바위에 새겨져야 할텐데!
25. 내가 알기에는 나의 구속자께서 살아 계시니
마침내 그가 먼지 위에서 일어나실 것이라.
26. 그리고 내 가죽이 벗겨진 후에
내 살로부터 하나님을 보리라
27. 내가 그를 보리니
내 눈으로 그를 보기를 낯선 사람처럼 하지 않을 것이라
내 콩팥들이 내 안에서 쇠약하다.[19]
28. 왜냐하면 너희가 말하기를 '우리가 그를 어떻게 칠까?
일의 뿌리가 그에게 있다'라고 말하기 때문이다.
29. 너희는 칼을 두려워하라.
참으로 분노는 칼의 형벌을 부르니
너희가 심판이 있는 줄을 알게 될 것이다."

〈해석〉

욥은 자신의 육체적인 고통을 표현하는데 피부를 벗긴다는 표현

19_ 콩팥이 쇠약하다는 것은 초조한 마음을 표현한 것이다.

을 사용하면서 피부가 벗겨진 후 맨살인 상태에서 그래도 여전히 하나님을 바라보겠다고 한다. 정말 끔찍하고 처참한 장면이다. 주목할 것은 이러한 상태에서도 여전히 하나님을 바라보고 자기를 변호해 줄 구속자에 대한 희망을 버리지 않는다는 점이다.

'구속자'란 가족 가운데 한 사람이 노예로 팔려 갔을 때 그 사람과 가장 가까운 사람이 대신 몸값을 지불하는 사람을 가리킨다. 누가 이런 일을 할 수 있을까? 가족이나 가까운 친척이 아니면 이런 일을 하기 힘들다. 따라서 '구속자'라는 의미 속에는 가족이라는 의미도 들어있는 것이다.

5. 소발과 욥 20:1–21:34

| 구조 |

소발의 말	20:1–29	"악인의 운명은 참담하다."
욥의 말	21:1–34	"어찌하여 악인이 형통한가?"

20:1–29 소발의 두 번째 말 – "악인의 운명은 참담하다."

1. 나아마 사람 소발이 대답하여 말했다.
2. "그러므로 내 속에 있는 느낌 때문에
나의 불안한 생각이 나로 하여금 대답하게 한다.
3. 내가 나를 부끄럽게 하는 책망을 들었으므로
내 몸에서 나오는 영이 나로 하여금 대답하게 하는구나.
4. 네가 알지 못하느냐?
예로부터 사람이 이 세상에 생긴 때로부터

5. 참으로 악인들의 기쁜 외침은 잠깐이고
경건하지 못한 자의 즐거움도 잠깐이니라
6. 그 존귀함이 하늘에 닿고
그 머리가 구름에 미칠지라도
7. 자기의 똥처럼 영원히 사라질 것이라.
그를 본 자가 이르기를 그가 어디 있느냐 할 것이다.
8. 그는 꿈 같이 지나가니 다시 찾을 수 없을 것이요
밤에 보이는 환상처럼 사라지리라
9. 그를 본 눈이 다시 그를 보지 못할 것이요
그의 처소도 다시 그를 보지 못할 것이며
10. 그의 아들들은 가난한 자에게 은혜를 구하겠고
그도 얻은 재물을 자기 손으로 되돌려 줄 것이다.
11. 그의 기골이 아직 청년 같이 강장하나
그와 함께 흙 위에 누울 것이다.
12. 그는 비록 악을 달게 여겨 혀 밑에 감추며
13. 아껴서 버리지 아니하고
입천장에 물고 있을지라도
14. 그의 음식이 창자 속에서 변하며
뱃속에서 독사의 쓸개가 되었다.
15. 그가 재물을 삼켰을지라도 토할 것은
그의 배로부터 하나님께서 그것을 빼으신다.
16. 그는 독사의 독을 빨며
뱀의 혀에 죽을 것이라
17. 올리브 기름이 강처럼 흐르는 것을 보지 못할 것이니
꿀과 젖이 흐르는 것을 보지 못할 것이다.
18. 수고하여 얻은 것을 먹지 못하고 돌려주며

무역하여 얻은 재물을 향유하지 못할 것이다.
19. 왜냐하면 그가 가난한 자를 학대하고 버렸기 때문이요
자기가 세우지 않은 집을 빼앗았기 때문이다.
20. 참으로 그는 마음에 평안을 알지 못하고
그가 기뻐하는 것을 하나도 보존하지 못할 것이다.
21. 먹을 때에는 남기는 것 없이 모조리 먹어 치우지만,
그 행복이 오래 가지는 못할 것이다.
22. 풍족할 때에 위기가 닥칠 것이니
모든 재난을 주는 자의 손이 그에게 임할 것이다.
23. 그가 배를 불리려 할 때에
하나님께서 맹렬한 진노를 내리시리니
그의 위에 비 같이 쏟으실 것이다.
24. 그가 철 병기를 피할 때에는
놋화살이 그를 꿰뚫을 것이요
25. 몸에서 그의 화살을 빼낸즉
번쩍번쩍하는 촉이 그의 쓸개에서 나오고
큰 두려움이 그에게 다가온다.
26. 큰 어둠이 그를 위하여 예비되어 있고
사람이 피우지 않은 불이 그를 멸하며
그 장막에 남은 것을 해치리라
27. 하늘이 그의 죄악을 드러낼 것이요
땅이 그를 대항하여 일어날 것이다.
28. 그의 재산이 떠나가며
하나님의 진노의 날에 끌려갈 것이다.
29. 이것이 악인이 하나님께로부터 받을 몫이요
하나님께서 말씀하신 유업이다."

〈해석〉

욥의 친구 소발의 말인데 악인의 운명이 얼마나 참담한지 조목조목 들어 이야기하고 있다. 물론 욥을 악인으로 보면서 하는 말이다.

소발은 욥을 가리켜 가난한 자를 학대하고 자기가 세우지 않은 집을 빼앗은 악인이라 말하고 있다. 소발의 말은 욥에게 또 하나의 상처를 주며, 심한 고통을 안겨줄 뿐이다.

21:1-34 (욥의 말) "어찌하여 악인이 형통한가?"

1. 욥이 대답하여 말했다.
2. "너희는 내 말을 자세히 들으라.
   이것이 너희의 위로가 될 것이라.
3. 나를 용납하여 말하게 하라.
   내가 말한 후에 너희가 조롱하라.
4. 내가 사람을 향하여 한탄하는 것이냐?
   그렇다면 왜 내 마음이 조급하지 않느냐?
5. 너희가 나를 보면 놀랄 것이다.
   손으로 입을 가릴 것이다.
6. 내게 일어난 일은 기억에 떠올리기만 해도 떨리고,
   몸에 소름이 끼친다.
7. 어찌하여 악인이 살아서 장수하며 세력이 강하냐?
8. 그들의 후손이 그들과 함께 굳게 서고
   자손이 그들의 눈앞에서 굳건하구나
9. 그들의 집이 평안하여 두려움이 없고
   하나님의 막대기가 그들 위에 임하지 아니한다.
10. 그들의 수소는 새끼를 배고

그들의 암소는 낙태하는 일이 없이 새끼를 낳는구나

11. 그들은 아이들을 양 떼 같이 내보내고

그들의 자녀들은 춤추는구나

12. 그들은 소고와 수금으로 노래하고 피리 불어 즐기며

13. 그들의 날을 행복하게 지내다가

순식간에 스올에 내려간다.

14. 그러할지라도 그들은 하나님께 말한다.

'우리를 떠나소서 우리가

주의 도리 알기를 바라지 않습니다.

15. 전능자가 누구이기에 우리가 섬기며

무슨 유익을 얻는다고 우리가 그에게 기도합니까?'

16. 보라! 그들의 행복이 그들의 손 안에 있지 않다.

나는 악인의 생각을 용납할 수 없다.

17. 얼마나 자주, 악인의 등불이 꺼졌는가?

그들의 재난이 그들에게 닥치며

하나님이 진노하사 그들이 파멸하였는가?

18. 그들이 바람 앞에 나는 지푸라기 같고,

폭풍에 날려가는 겨 같이 되었는가?

19. 하나님께서는 그의 죄악을

그의 자손들을 위하여 쌓아 두시지만

죄 지은 그 사람이 벌을 받아야 한다.

그래야만 그가 제 죄를 깨닫는다.

20. 자기의 멸망을 자기의 눈으로 보게 하며

전능자의 진노를 마시게 할 것이라

21. 참으로 그의 달 수가 다하면

자기 집에 대하여 무슨 관계가 있겠느냐?

22. 누가 능히 하나님께 지식을 가르치겠느냐?
하나님께서는 높은 자들을 심판하시는 분이시다.
23. 어떤 사람은 죽도록 기운이 충실하여
안전하며 평안하고
24. 그의 그릇에는 젖이 가득하며
그의 골수들이 윤택하다.
25. 그러나 어떤 사람은 마음에 고통을 품고 죽으므로
행복을 맛보지 못하는구나.
26. 이 둘이 매 한 가지로 흙 속에 눕고
그들 위에 구더기가 덮이는구나
27. 보라! 내가 너희의 생각을 알고
너희가 나를 해하려는 속셈도 아노라
28. 참으로 너희는 '귀인의 집이 어디 있으며
악인이 살던 장막이 어디 있느냐?' 하는구나
29. 너희가 길 가는 사람들에게 묻지 아니하였느냐?
그들의 증언들을 알아보지 않았느냐?
30. 참으로 악인은 재난의 날을 위하여 남겨둔 바 되었고
진노의 날을 향하여 끌려간다.
31. 그 악한 자를 꾸짖는 사람도 없고,
그가 저지른 대로 징벌하는 이도 없다고 한다.
32. 그가 죽어 무덤으로 갈 때에는,
그 화려하게 가꾼 무덤으로 갈 때에는,
33. 수도 없는 조객들이 장례 행렬을 따르고,
골짜기 흙마저 그의 시신을
부드럽게 덮어 준다고 한다.
34. 그런데도 너희는 나를 헛되이 위로하려느냐?

너희 대답은 거짓일 뿐이라."

〈해석〉

욥은 친구들에게 분노는 터뜨리는 것이 아니라 하나님께 근본적인 질문을 하고 있다. 왜 악인이 잘되고 윤택하게 행복하게 사는지를 하나님께 직설적으로 묻고 있는 것이다. 이러한 질문은 친구들의 주장을 반박하는 것이기도 하다. 왜냐하면 친구들은 악인이 형벌을 받고 멸망한다고 주장하기 때문이다.

악인이 편안하게 살다가 장례식 때도 대접을 받고 있는 모습을 제시하면서 과연 악인이 정의로운 형벌을 받는 것이냐고 묻고 있는 것이다.

6. 빌닷과 욥 25:1–27:33

| 구조 |

빌닷의 말	25:1–6	"인간은 벌레이다."
욥의 말	26:1–27:33	
	26:1–14	"참 잘도 도우는구나!"
	27:1–23	"나의 결백함을 맹세하노라."

25:1–6 빌닷의 세 번째 말 – "인간은 벌레이다."

1. 수아 사람 빌닷이 대답하여 말했다.
2. "하나님은 통치권과 위엄을 가지셨고
   높은 곳에서 화평을 베푸신다.
3. 그의 군대를 어찌 헤아릴 수 있겠는가?

그가 비추는 빛을 받지 않은 자가 누구냐?

4. 그러므로 어찌 하나님 앞에서 사람이 의롭다 하며
어찌 여자에게서 난 자가 깨끗하겠느냐?

5. 보라! 그의 눈에는 달이라도 빛을 발하지 못하고
별도 빛나지 못하거든

6. 하물며 구더기 같은 사람,
벌레 같은 인생이랴!"

〈해석〉

욥과 친구들의 생각 차이는 근본적으로 인간관 때문이었다. 욥은 하나님 앞에서도 당당하게 대화를 청할 수 있다는 생각이었고, 친구들은 인간은 벌레와 같아서 감히 하나님 앞에 나설 생각조차 할 수 없다고 하는 차이였다. 친구들의 생각에는 하나님을 무한하게 높이고 싶어 하는 마음이 있었다. 이러한 생각은 오늘날 경건하게 신앙생활을 하려고 하는 많은 사람들의 생각과도 비슷하다.

그런데 욥의 친구들이 놓친 부분이 있다. 하나님은 사람을 벌레라고 생각지 않는다는 사실이다. 사실 벌레들이 들으면 화를 낼만한 이야기지만 말이다. 벌레도 하나의 귀한 생명체인데 말이다. 여하튼 시편 8편과 같이 하나님은 사람을 존귀한 존재로 인정해 주고 있다는 사실이 중요하다.

26:1–14 (욥의 말) "참 잘도 도우는구나!"

1. 욥이 대답하여 말했다.

2. "네가 힘 없는 자를 참 잘도 도와 주는구나.
기력 없는 팔을 참 잘도 구원하여 주는구나.

3. 지혜 없는 자를 참 잘도 가르치는구나.
큰 지식을 참 잘도 자랑하는구나.
4. 네가 누구를 향하여 말하느냐?
누구의 정신이 네게서 나왔느냐?
5. 죽은 자의 영들이 물 밑에서 몸부림치고
물에서 사는 것들도 몸부림친다.
6. 스올도 하나님께는 훤하게 보이고,
멸망의 구덩이도 그분의 눈에는 훤하게 보인다.
7. 하나님은 북쪽을 허공에 펴시며
땅을 아무것도 없는 곳에 걸어 놓으신다.
8. 물을 빽빽한 구름에 싸시나
그 밑의 구름이 찢어지지 않는다.
9. 하나님이 보좌 앞을 덮으시고
자기의 구름을 그 위에 펼치신다.
10. 수면에 경계를 그으시니
빛과 어둠의 끝까지 그으신다.
11. 그 분의 꾸지람으로 인해 놀라며
하늘 기둥이 흔들리며 떤다.
12. 그분은 능력으로 바다를 잔잔하게 하시며
지혜로 라합을 쳐부수신다.[20]
13. 그분의 입김으로 하늘을 맑게 하시고
손으로 날쌘 뱀을 찌르신다.
14. 보라! 이런 것들은 그의 행사의 단편일 뿐이요
우리가 그에게서 들은 것도 속삭임에 불과하니
그분의 큰 능력의 천둥소리를 누가 헤아리겠는가?"

20_ 라합은 바다의 괴물을 가리킨다.

〈해석〉

욥은 친구 빌닷에게 '네가 힘 없는 자를 참 잘도 도와 주는구나'라면서 냉소적인 말을 내뱉는다. 욥과 친구들과의 사이가 점점 멀어져 가는 것만 같다.

욥은 창조주 하나님의 위엄과 능력을 찬란하게 묘사하고 있다. 동시에 죽음의 영역인 스올도 관장하시는 하나님임을 보여주고 있다. 욥은 자신의 한계를 절감하면서도 하나님께 다가갈 수 있는 방법을 여전히 모색하고 있다.

27:1–23 (욥의 말) "나의 결백함을 맹세하노라."

1. 욥이 다시 비유를 들어 말했다.
2. "살아 계신 하나님께서 내 공의를 거두셨으며
   전능자께서 내 영혼을 괴롭게 하셨다.
3. 참으로 내 숨이 아직 내 속에 완전히 있고
   하나님의 영이 내 코에 있는 한,
4. 결코 내 입술이 불의를 말하지 아니하며
   내 혀가 거짓을 말하지 않을 것이다.
5. 나는 결코 너희를 옳다 하지 아니하겠고
   내가 숨을 거둘 때 까지
   나의 순전함을 버리지 아니할 것이라
6. 내가 내 의를 굳게 잡고 놓지 아니하리니
   내 마음이 나의 생애를 비난하지 않을 것이다.
7. 나의 원수는 악인 같이 되고
   일어나 나를 치는 자는
   불의한 자 같이 되기를 원한다.

8. 참으로 불경건한 자가 이익을 얻었으나
하나님이 그의 영혼을 거두실 때에는
무슨 희망이 있겠는가?
9. 환난이 그에게 닥칠 때에
하나님이 그의 부르짖음을 들으시겠느냐?
10. 전능자 때문에 그가 기뻐하겠느냐?
항상 하나님께 부르짖겠느냐?
11. 하나님의 솜씨를 내가 너희에게 가르칠 것이요
전능자에게 있는 것을 내가 숨기지 아니할 것이다.
12. 보라! 너희가 다 이것을 보았거늘
어찌하여 그토록 덧없는 사람이 되었느냐?
13. 악인이 하나님께 얻을 분깃,
포악자가 전능자에게서 받을 산업은 이것이다.
14. 그의 자손은 번성하여도 칼을 위함이요
그의 후손은 음식물로 배부르지 못할 것이다.
15. 그 생존자들은 죽음의 병이 돌 때에 묻히며
그의 과부들은 울지도 못할 것이다.
16. 그가 비록 은을 흙처럼 쌓고
의복을 진흙 같이 준비해도[21]
17. 그가 준비한 것을 의인이 입을 것이요
그의 은은 죄 없는 자가 나눠가질 것이다.
18. 그가 지은 집은 좀이 지은 집 같고
파수꾼이 만든 초막 같을 것이다.
19. 부자로 누우려니와 더 이상 그렇지 못할 것이요

21_ 흙이나 진흙은 흔히 있고 많이 있는 것을 뜻한다. 즉 은(재물)이나 의복을 많이 준비한다는 뜻이다.

눈을 뜨면 아무것도 없을 것이다.

20. 두려움이 물 같이 그에게 닥칠 것이요
 폭풍이 밤에 그를 앗아갈 것이다.

21. 동풍이 그를 들어 올려 그가 사라질 것이며
 동풍이 그의 처소에서 그를 쓸어버릴 것이다.

22. 하나님은 그를 아끼지 아니하시고
 던져 버릴 것이니
 그의 손에서 도망치려고 힘쓸 것이다.

23. 그를 바라보며 손뼉치고
 그의 처소에서 그를 야유할 것이다.

〈해석〉

27장은 욥기 흐름에 있어서 전환점의 위치라 할 수 있다. 1-6절 부분은 세 친구와의 대화를 마감하고 29-31장을 소개하는 연결고리 역할을 한다. 여기서 욥은 공개적인 서약을 하였다.

7-12절에는 다시 한 번 욥이 하나님의 무정한 손길을 우회적으로 비판하며 그 손길을 거두어 줄 것을 호소하는 내용으로 볼 수 있다. 그런데 악인의 운명을 묘사하는 13-23절 부분은 욥의 말로 보기 어렵다. 아마도 24장 18-24절과 마찬가지로 욥의 친구의 말인 것으로 짐작된다.

C. 욥이 부르짖는 마지막 소리 29:1-31:40

| 구조 |

29:1-25 과거의 욥. "욥은 의로운 사람이었다."
30:1-31 현재의 욥. "하나님이 나를 핍박하신다."
31:1-40 욥의 마지막 변론

29:1-25 과거의 욥. "욥은 의로운 사람이었다."

1. 욥이 다시 그의 말을 이어 말하기를,
2. 아! 지난 세월들처럼,
하나님께서 나를 지켜주시던 날들처럼 되었으면!
3. 그분의 등불이 내 머리에 비치었을 때
내가 그분의 빛을 힘입어 어두움 속에서도 걸어 다녔다.
4. 내가 원기 왕성하던 날이었을 때
하나님의 모임이 내 장막에서 있었을 때
5. 전능자가 아직 나와 함께 계셨을 때
나의 젊은이들이 내 주위에 있었을 때
6. 내 발자취를 버터로 씻었을 때
바위가 나를 위하여 기름 시내를 쏟아냈을 때
7. 내가 나가서 성문으로 가서
그 광장에 내 자리를 마련하였을 때
8. 젊은이들은 나를 보고 숨으며
노인들은 일어나 서며
9. 고관들이 말을 삼가고 손으로 입을 가리며
10. 귀족들은 말소리를 낮추었으니
그들의 혀가 입천장에 달라 붙었다.

11. 참으로 듣는 귀는 나를 행복하다고 하고
보는 눈이 나를 증언하였다.
12. 왜냐하면 내가 부르짖는 가난한 사람을 건지고
도와 줄 자 없는 고아를 내가 건졌기 때문이다.
13. 망한 사람의 복이 내게 임했으며
나로 인해 과부의 마음이 기뻐 노래하였다.
14. 내가 의를 옷으로 삼아 입었으며
나의 정의는 겉옷과 터번 같았다.
15. 나는 맹인의 눈도 되고
다리 저는 사람의 발도 되었고
16. 내가, 내가 가난한 사람들의 아버지도 되었고
내가 모르는 사람의 송사를 살폈으며
17. 나는 불의한 자의 턱뼈를 부수고
노획한 물건을 그 잇새에서 빼내었다.
18. 내가 말하였다. '나는 내 보금자리에서 숨을 거두고
나의 날은 모래알 같이 많으리라 하였다
19. 내 뿌리는 물로 뻗어나가고
이슬이 내 가지에서 (밤을) 지냈다.
20. 내 영광은 내게 새로워지고
내 활이 내 손에서 새롭게 되었다.'
21. 사람들이 내 말을 듣고 또 기다렸으며
내 조언에 잠잠하였다.
22. 내가 말한 후에는 그들이 다시 말하지 못했으니
나의 말이 그들에게 (비처럼) 떨어졌다.
23. 그들은 비를 기다리듯 나를 기다렸으며
늦은 비를 기다리듯 입을 벌렸다.

24. 그들이 의지 없을 때에 내가 미소하면
그들이 나의 얼굴빛을 무색하게 하지 않았다.
25. 내가 그들의 길을 택하여 주고
으뜸 되는 자리에 앉아,
내가 군대의 왕처럼
애곡하는 자를 위로하는 사람과도 같이 살았다.

〈해석〉

29-31장은 욥의 마지막 주장으로서 과거 의로운 욥의 모습과 현재 참담한 모습이 대조되어 있다. 욥은 과거 당당하고 의로운 자신의 삶을 떠올리면서 그 삶이 하나님께서 지켜주시고 빛으로 비춰 주셨기 때문이라 고백하였다.

욥이 고백하는 내용을 살펴보면 단순히 적선한 것이 아니라 진심으로 주위 사람들을 돌보고 어렵과 연약한 사람들의 버팀목이 되어 주었으며 눈물을 닦아주고 위로가 되었던 인물임을 알 수 있다. 또한 지혜롭고 현명하여 그의 충고와 조언에 모두들 수긍하였고 그의 말을 듣고 싶어 하는 사람들이 많았음을 알 수 있다. 이러한 인격과 행동으로 인해 자연스럽게 많은 사람들로부터 진심어린 존경을 받았고 그의 힘과 명성은 날로 높아져만 갔다. 그래서 그는 당연히 편안하게 남은여생을 지낼 수 있으리라 여겼다.

참으로 하나님께서 칭찬하실 만 한 인물이 바로 욥이었다. 부자이면서도 교만하지 않았고 권력이 있었음에도 약한 사람들을 돌보는 일에 솔선수범한 의로운 사람이었다. 왜 하나님께서 사탄에게 자신만만하게 욥을 시험하라 하셨는지 그 이유를 알 것 같다.

30:1-31 현재의 욥 – "하나님이 나를 핍박하신다."

1. "그러나 이제는 나보다 젊은 자들이 나를 비웃는구나.
   그들의 아비들은 내 양 떼를 지키는 개 중에도 둘 만하지 못한 자들이라.
2. 그들의 기력은 쇠잔하였으니
   그들의 손의 힘이 나에게 무슨 소용이 있겠는가?
3. 그들은 궁핍과 기근으로 파리해져 있고
   어제 파괴되어 황폐한 메마른 땅에서 흙을 씹으며
4. 짠 나물과 덤불을 뜯으며
   로뎀나무 뿌리로 먹을 거리를 삼는다.
5. 사람들 가운데에서 쫓겨났으니
   도둑에게 하는 것처럼 그들에게 소리를 질렀다.
6. 그들이 무시무시한 골짜기와
   흙 구덩이와 바위 굴에서 살 때
7. 덤불 사이에서 부르짖으며
   쐐기풀 밑에 모여 있었다.
8. 그들은 본래 어리석은 자들이며
   이름 없는 자들이고
   그 땅에서 쫓겨난 자들이다.
9. 이제는 그들이 나를 노래로 조롱하며
   내가 그들의 놀림거리가 되었다.
10. 그들이 나를 가증하게 여겨 멀리 하고
    서슴지 않고 내 얼굴에 침을 뱉는다.
11. 왜냐하면 그분께서 내 활시위를 늘어지게 하시고
    나를 괴롭히시니
    그들이 내 앞에서 굴레를 벗어버렸기 때문이다.

12. 무리가 내 오른쪽에서 일어나 내 발을 밀뜨리고
나를 대적하여 재난의 길을 만들고 있다.
13. 그들이 내 길을 헐고 내 파멸을 도모하는데
아무도 나를 도와주지 않는 구나.
14. 그들이 큰 틈사이로 들어와
황폐한 곳에서 뒹구는 구나.
15. 공포가 나를 뒤집고
내 품위를 바람 같이 날려 버리니
나의 구원은 구름 같이 지나가 버리는 구나.
16. 이제는 내 생명이 다하여
고통의 날들이 나를 사로잡고 있다.
17. 밤이 되면 내 뼈가 쑤시니
나의 아픔이 누워있지 못하게 하는 구나.
18. 그분이 큰 힘으로 나의 옷을 떨쳐 버리시며
나의 옷깃으로 나를 동여매어
19. 나를 진흙탕으로 던지시니
나는 마치 티끌과 재 같이 되었다."
20. "제가 주께 부르짖으나 주께서 대답하지 않으시고
제가 서 있으나 주께서는 저를 보시기만 합니다.
21. 주께서 돌이켜 제게 잔인하게 하시고
강한 손으로 저를 대적하십니다.
22. 주께서 저를 바람 위에 태우시고
무서운 힘으로 저를 녹이십니다.
23. 제가 압니다. 주께서 저를 죽음,
곧 모든 생물을 위하여 정해진 집으로
돌려보내실 것을."

24. "진실로 그 분은 폐허더미에 손을 내밀지 않았고
재앙을 당해 요청하는 자에게도 (손을 내밀지 않았다).
25. 고생의 날을 보내는 자를 위하여 내가 울었고
가난한 자를 위하여 내가 슬퍼하지 않았던가?
26. 참으로 내가 복을 바랐는데 화가 왔고
빛을 기다렸더니 어둠이 왔구나.
27. 내 마음이 들끓어 고요함이 없고
괴로운 날들이 내게 왔구나.
28. 나는 햇볕이 없음에도 검어진 피부를 가지고 걸으며
회중 가운데 서서 도움을 부르짖고 있다.
29. 나는 이리의 형제요 타조의 벗이다.
30. 나의 피부는 검어졌고
내 뼈는 열기로 인해 탔으며
31. 내 수금은 통곡이 되었고
내 피리는 우는 자들의 소리를 위해 있구나."

〈해석〉

욥의 현재 상태를 적나라하게 제시하면서 비참한 모습을 보여주고 무너진 마음을 하나님 앞에 쏟아 놓고 있다. '이제는'이라는 말을 반복하면서 현재의 모습에 대해 이야기 하고 있다는 것을 강조하고 있다(1, 9, 16절).

1-14절에는 '그들'이 욥을 비웃는다고 분노하며 탄식하고 있다. '그들'은 사회에서 추방된 자들이며 평소에 경멸하던 자들인데 지금은 욥을 조롱하고 괴롭히고 있다고 토로한다. 그리고 병으로 인해 몸이 쑤시고 거처하는 곳은 쓰레기더미 임을 보여주고 있다.

여기서 한 가지 지적하고 싶은 것은 부자인 욥의 시각이 드러나

있다는 점이다. 사회에서 추방당할 정도로 힘없는 인간들이 감히 자기를 조롱하고 있다고 분노하고 있는데 그들을 가리켜 "그들의 아비들은 내 양 떼를 지키는 개 중에도 둘 만하지 못한 자들이라"(1절)이라고 표현한 것은 아무래도 가난하고 비천한 사람들을 경멸하는 전형적인 부자의 시각을 드러내 보여 준 것이다. 여기서 우리가 염두에 둘 것은 의로운 욥이라고 부르기는 하지만 그가 부자이고 상류층 의식을 가지고 있다는 점은 부인할 수 없다는 사실이다. 따라서 욥의 의로움은 완전무결한 의로움이라기보다 자신이 처한 위치에서 비교적 상당히 의로운 사람이라 평가해 볼 수 있다.

욥은 자기를 조롱하는 '그들'보다 오히려 더 섭섭한 것은 하나님께서 자기를 이 지경으로 만들었다는 사실이다. 그러나 하나님은 대답이 없으시니 욥은 답답하기만 하다.

31:1-40 욥의 마지막 변론 - "전능자가 내게 대답하시기를…"

1. 내가 내 눈과 약속하였는데
   내 어찌 처녀에게 주목하겠는가!
2. 위로부터 내려오는 하나님의 몫이 무엇이며
   높은 곳에서 내려오는 전능자의 유업이 무엇이냐?
3. 불의한 자에게는 재난이 아니겠느냐?
   죄악을 행하는 자에게는 불행이 아니겠느냐?
4. 그분이 내 길을 보시고
   내 모든 걸음을 세지 아니하시겠느냐?
5. 만일 내가 헛되이 걸어갔고
   내 발이 속임수에 빨랐다면
6. 하나님께서 나를 공평한 저울에 달아보시고

그분이 나의 순전함을 알게 될 것이다.

7\. 만일 내 발걸음이 그 길에서 떠났거나
내 마음이 내 눈을 따라 가서
내 손에 더러운 것이 묻었다면

8\. 내가 씨를 뿌려도 다른 사람이 먹을 것이고
나의 소산물들이 뿌리째 뽑힐 것이다.

9\. 만일 내 마음이 여인에게 유혹되어
이웃의 문 입구에서 숨어 기다렸다면

10\. 내 아내가 다른 사람의 맷돌을 돌리며
다른 사람과 더불어 동침하게 될 것이다.[22]

11\. 참으로 그것은 음란한 일이니
재판 받아야 할 죄악이며

12\. 참으로 그 불은 아받돈까지 삼킬 불이라.
나의 모든 소산을 뿌리째 뽑을 것이다.

13\. 만일 나의 남종이나 여종이 나와 다툴 때
내가 그의 권리를 저버렸다면

14\. 하나님께서 일어나실 때에 내가 무엇을 하겠느냐?
그 분이 심판하실 때에 내가 무엇이라 대답하겠느냐?

15\. 나를 뱃속에서 만드신 분이 그도 만들지 아니하셨느냐?
우리를 태속에서 세우신 분이 한 분이 아니시냐?

16\. 만일 내가 가난한 자의 소원을 막았거나
과부의 눈으로 하여금 실망하게 하였다면,

17\. 나만 혼자 내 떡덩이를 먹고

22_ 10절 후반부는 히브리어 성경을 직역하면 "그녀 위에 다른 사람이 무릎을 꿇을 것이다"인데 그 의미가 동침하게 된다는 의미이기에 "다른 사람과 더불어 동침하게 될 것이다"라고 의역한 것이다.

고아는 그것을 먹지 못했다면,
18. 참으로 내가 젊었을 때부터 아버지처럼 길렀으며
내 어머니 배에서부터
내가 그녀(과부)를 인도하였다.
19. 만일 내가 옷 없이 방황하는 사람이나
그 가난한 자가 덮을 것이 없는 것을 보고도
20. 만일 나의 양털로 그의 몸을 따뜻하게 입혀서
그의 허리가 나를 위하여 복을 빌게 하지 아니하였다면
21. 만일 내가 성문에서 내가 도와야 할 사람을 보고도
내가 손을 들어 고아에게 휘둘렀다면,
22. 내 팔이 어깨에서 떨어지고
내 팔이 관절에서 부스러질 것이다.
23. 참으로 나는 하나님의 재앙을 두려워하며
그의 위엄을 내가 감당할 수 없다.
24. 만일 내가 내 신뢰를 금에다 두고
내 의지하는 것이 순금이라고 말했다면,
25. 만일 재물의 풍부함과
내 손으로 얻은 것이 많음으로 기뻐하였다면,
26. 만일 내가 빛나는 해를 보고,
빛을 내며 움직이는 달을 보고,
27. 내 마음이 슬며시 유혹되어
내 손이 내 입에 입맞추었다면
28. 그것도 재판에 회부할 죄악이니
이는 내가 위에 계신 하나님을
부인하는 것이기 때문이다.
29. 만일 내가 나를 미워하는 자의 멸망을 기뻐하고

그가 재난을 당할 때 내가 기뻐 외쳤다면
30. 나는 그가 죽기를 구하는 말로 그의 생명을 저주하여
내 입으로 범죄하게 하지 아니하였다.
31. 참으로 내 장막 사람들은 말하였다.
'그의 고기로 배부르지 않은 자가 어디 있느냐?'
32. 나그네가 거리에서 자지 아니하도록
나는 행인에게 내 문을 열어 주었다.
33. 만일 내가 아담처럼 내 악행을 숨긴 일이 있거나
나의 죄악을 나의 주머니에 감추었다면,
34. 참으로 내가 많은 무리를 무서워하고
가문들의 멸시가 무서워
대문 밖으로 나가지 못하고 잠잠하였을 것이다.
35. 누가 나의 변명을 듣겠는가?
이제 내 몸짓에 전능자가 내게 대답하시기를 바란다.
나를 고발하는 자가 있다면 그에게 고소장을 쓰게 하라.
36. 내가 그것을 어깨에 메기도 하고
왕관처럼 내게 묶을 것이다.
37. 내 발걸음의 수를 그에게 전하니
귀족처럼 내가 그에게 가까이 갈 것이다.
38. 만일 내 땅이 나를 향하여 부르짖고
밭이랑이 함께 울었다면
39. 만일 내가 값을 내지 않고 그 소산물을 먹고,
내가 그 소유주의 생명을 잃게 하였다면,
40. 밀 대신에 가시덤불이 나고
보리 대신에 악취가 나는 풀이 날 것이다.
하고 욥의 말이 끝났다.

〈해석〉

29장에서 의로운 욥의 모습을 보았는데 마지막 변론인 31장에서도 자신이 살아온 삶에 대해 자신 있게 이야기하는 욥을 만날 수 있다. 일반적으로 악행이라 여기는 행동들을 조목조목 나열하면서 자신이 결코 그러한 악한 행동을 하지 않았다고 변론하였다.

특이한 것은 주인이나 종이 동일하게 하나님 손에 의해 만들어진 존재라는 사실을 강조한 부분이다. 이러한 표현은 조선시대 성종이 피력한 천민사상(天民思想)과도 유사하다.[23] 천민사상이란 하늘에서 내신 백성은 본래 귀천이 없다고 하는 사상이다. 이처럼 중동에서나 동양에서 일찍이 노비제도가 좋은 제도가 아니라는 사실을 인정했음에도 노비제도는 고대로부터 있었고 중세에 이르기까지 지속되었다. 욥기에서도 욥이 노비제도를 폐지시키겠다는 선언을 한 것은 아니었다. 다만 종을 선하게 대우하는 너그러운 주인의 면모를 보인 것이다.

욥이 자신의 결백을 주장하면서 하나님께 간절히 요청한 것은 하나님께서 응답해 주시기를 바란다는 것이다. 욥은 "이제 내 몸짓에 전능자가 내게 대답하시기를 바란다."(35절)고 하면서 끝까지 하나님 만나기를 소원하였다.

이 점이 욥의 친구들과 다른 점이었다. 욥의 친구들은 기존의 사상과 생각으로 욥의 상황을 진단하고 욥에게 죄를 회개하라고 다그쳤지만, 욥은 왜 이러한 고통이 자신에게 닥쳤는지 정말 알 수 없다

23_ 「成宗實錄」 권217, 성종 19년 6월 경술 '天生蒸民, 本無貴賤。 雖名爲奴主, 初一天民也。 今若人人謂爲己奴僕而逞其殘虐, 則是害天民也, 其謂之有君有法乎?' (…하늘에서 내신 백성은 본래 귀천이 없는 것이다. 비록 이름을 노비와 주인이라 부르기는 하지만, 애초에는 다 같이 천민[天民]인데, 지금 사람마다 자기의 노비라 하여 잔학을 마음대로 한다면 이는 천민[天民]을 해치는 것이니, 임금이 있고 법이 있다고 말하겠는가?)

고 하면서 전통적인 처방인 '죄를 회개하고 용서를 비는 행동'을 거부하였다. 그리고 하나님께 새로운 대답을 듣기를 소원하면서 끝까지 고집스럽게 하나님께 질문하였다.

D. 하나님과 욥의 만남 38:1–42:6

| 구조 |

38:1–39:30	여호와의 첫 번째 말씀
40:1–5	욥의 첫 번째 대답
40:6–41:34	여호와의 두 번째 말씀
42:1–6	욥의 두 번째 대답

38:1–39:30 여호와의 첫 번째 말씀

1. 그 때에 여호와께서 회오리바람 가운데에서
   욥에게 대답하여 말씀하셨다.
2. "무지한 말로 계획을 어둡게 하는 자가 누구냐?
3. 너는 대장부처럼 허리를 묶고
   내가 네게 물을테니 대답하라.
4. 내가 땅의 기초를 놓을 때 너는 어디 있었느냐?
   네가 깨달아 알았거든 말하라.
5. 누가 (땅의) 도량법을 정하였는지,
   누가 그 위에 줄을 띄웠는지 네가 아느냐?
6. 무엇 위에 그 주추가 세워졌는지
   누가 그 모퉁잇돌을 놓았는지 (너는 아느냐)?

7. 새벽 별들이 함께 기뻐 노래할 때
하나님의 모든 아들들이 기뻐 소리를 질렀다.
8. 바다가 그 모태에서 터져 나올 때
누가 문으로 그것을 가두었는가?
9. 내가 구름으로 그 옷을 만들고
흑암으로 포대기를 만들고
10. 내가 그것을 위해 규정을 만들고
빗장과 문을 만들었다.
11. 내가 말하기를
'네가 여기까지 올 수 있고 더 넘어가지 못할 것이니
네 높은 파도가 여기서 머물러야한다' 하였다.
12. 네가 너의 날에 아침을 명령하였느냐?
네가 새벽에게 그 자리를 알렸느냐?
13. 그 땅의 끝을 붙잡고
악한 자들을 그 땅에서 떨쳐 버린 일이 있었느냐?
14. 땅이 변하여 진흙에 인친 것 같이 되었고
그들은 옷처럼 서 있어
15. 악인에게는 그 빛이 차단되고
그들의 높이 든 팔이 부러진다.
16. 네가 바다의 샘까지 들어가 보았느냐?
네가 깊은 바다 깊숙한 곳을 걸어 다녀 보았느냐?
17. 죽음의 문들이 네게 드러난 적이 있느냐?
죽음의 그늘진 문을 네가 보았느냐?
18. 네가 땅의 넓이를 측량할 수 있느냐?
네가 그 모든 것들을 안다면 말하라.
19. 빛이 거주하는 그 길이 어디이며

어둠이 거주하는 곳이 어디냐?

20. 참으로 네가 그 영역으로 데려갈 수 있느냐?

참으로 네가 그 집의 통로를 알겠느냐?

21. 네가 그 때에 태어났으니 네가 알 것이다.

너의 날들이 많구나!

22. 네가 눈 창고에 들어가 보았느냐?

네가 우박 창고를 보았느냐?

23. 내가 환난 때를 위해 아껴두었고

싸움과 전쟁의 날을 위하여 아껴두었다.

24. 빛이 나뉘지는 그 길이 어디인지

동풍이 땅에 흩어지는 그 길이 어디냐?

25. 누가 홍수를 위하여 물길을 터 주었으며

우레와 번개 길을 내어 주었느냐?

26. 누가 사람 없는 땅에,

사람 없는 광야에 비를 내리게 하였느냐?

27. 누가 황무하고 황폐한 토지를 축축하게 하여

연한 풀이 돋아나게 하였느냐?

28. 그 비에게 아버지가 있느냐?

누가 이슬방울을 낳았느냐?

29. 누구의 태에서 얼음이 나왔느냐

하늘의 서리는 누가 낳았느냐

30. 물은 돌 같이 굳어지고

깊은 바다의 표면은 얼어붙는다.

31. 네가 묘성을 묶을 수 있는가?

오리온 띠를 풀 수 있느냐?

32. 네가 별자리들을 제 때에 나오게 하고

북두성을 다른 별들에게로 이끌어 갈 수 있겠느냐?
33. 네가 하늘의 규정을 아느냐?
네가 그땅에 법칙을 베풀었느냐?
34. 네가 구름에게 네 목소리를 높여
넘치는 물이 네게 덮이게 하겠느냐?
35. 네가 번개를 보내어 가게 하되
번개가 네게 '우리가 여기 있습니다' 라고 말하게 할 수 있느냐?
36. 누가 마음 속에 지혜는 두었느냐?
누가 그 가슴 속에 슬기를 주었느냐?[24]
37. 누가 지혜로 구름을 세겠느냐?
누가 하늘의 물항아리를 기울이겠느냐?
38. 누가 티끌이 덩어리를 이루며
흙덩이들이 서로 달라붙게 하겠느냐?
39. 네가 암사자를 위하여 먹이를 사냥하겠느냐?
젊은 사자의 식욕을 채우겠느냐?
40. 그것들이 굴에 웅크리고 있으며
그 숲에 잠복하여 앉아 있다.
41. 누가 까마귀를 위해 먹이를 준비하느냐?
그 새끼가 먹을 것이 없어서
하나님을 향하여 부르짖고 방황할 때."

39장

1. 너는 들 염소가 새끼 치는 때를 아느냐?

24_ 히브리어 성경을 번역한 것이다. 그러나 『개역개정』은 "가슴 속의 지혜는 누가 준 것이냐 수탉에게 슬기를 준 자가 누구냐"로 번역하였고, 가톨릭 『성경』은 "누가 따오기에게 지혜를 내렸느냐? 또 누가 수탉에게 슬기를 주었느냐?"로 번역하고 있다.

암사슴이 새끼 낳는 것을 네가 본 적이 있느냐?

2. 너는 그것이 만삭되는 달들을 세어보았느냐?
너는 그 낳을 때를 아느냐?

3. 그것들은 무릎을 구부리고 새끼를 낳으니
그 괴로움이 지나가고

4. 그 새끼는 강하여져서 빈 들에서 자라다가
나간 후에는 돌아오지 않는다.

5. 누가 들나귀를 자유롭게 보냈느냐?
누가 날쌘 들나귀의 족쇄를 풀어 주었느냐?

6. 내가 들을 그것의 집으로,
소금 땅을 그것이 사는 처소로 삼았다.

7. 들나귀는 성읍의 소동을 비웃고
모는 자의 소리를 듣지 않는다.

8. 목초지인 산들을 두루 다니며
후에 모든 푸른 풀을 찾는다.

9. 들소가 너를 위하여 일하겠느냐?
네 외양간에 머물겠느냐?

10. 네가 들소를 밧줄로 묶어 이랑을 갈게 하겠느냐?
그것이 너를 따라 골짜기를 고르겠느냐?

11. 그것이 힘이 세다고 네가 그것을 의지하겠느냐?
네 수고를 그것에게 맡기겠느냐?

12. 그것이 네 소출을 거두어
네 타작마당에 모을 것이라고 네가 믿겠느냐?

13. 타조가 즐거이 날개를 치지만
학의 깃털과 날개가 될 수 있겠느냐?

14. 참으로 타조가 알을 땅에 버려두어

흙에서 더워지게 하고
15. 발에 깨어질 것이나
들짐승이 그 알을 짓밟는 것을 잊어버린 체
16. 그 수고가 헛되게 될지라도 두려워하지 않고
그 새끼에게 제 새끼가 아닌 것처럼 모질게 대하니
17. 이는 하나님께서 타조에게 지혜를 베풀지 아니하셨고
총명을 나누어 주지 않았기 때문이다.
18. 그러나 높은 곳에서 날개를 칠 때는
말과 그 위에 탄 자를 우습게 여긴다.
19. 네가 말에게 힘을 주었느냐?
그 목에 갈기를 네가 입혔느냐?
20. 네가 그것으로 메뚜기처럼 뛰게 하였느냐?
그 위엄스러운 콧소리가 두려운 말을?
21. 그것이 골짜기에서 발굽질하고
힘차게 뛰며 무기에 맞서 나아간다.
22. 말은 두려움을 모르고 겁내지 아니하며
칼 때문에 물러나지 않는다.
23. 말 위에서는 화살통이 덩그렁거리고
창과 단창이 번쩍이며
24. 땅을 삼킬 듯이 맹렬히 성내며
뿔나팔 소리에 가만히 있지 않고
25. 뿔나팔 소리가 날 때마다 힝힝 울며
멀리서도 싸움 냄새를 맡고
지휘관들의 호령과 함성을 듣는다.
26. 매가 높이 올라 날개를 펼쳐

남쪽으로 향하는 것이 네 지혜 때문이냐?[25]
27. 네 입의 말 때문에 독수리가 공중에 떠서
높은 곳에 보금자리를 만드느냐?
28. 그것이 바위에 거하며 지내며
험한 바위와 산성에서 살며
29. 거기서 먹이를 찾고
그 눈이 멀리까지 바라보며
30. 그 새끼들이 피를 빠니
죽은 것이 있는 곳에 독수리가 있다.

〈해석〉

욥이 비명을 지르듯 하나님의 대답을 요청했는데 드디어 하나님께서 욥에게 나타나셨다. 그리고 그 대답이 38-39장에 나타난다. 그런데 이상하다. 내용을 보면 대답이 아니라 질문이다. 하나님이 나타나셔서 대답을 하지 않고 욥에게 오히려 질문하신 것이다.

우리가 알기에도 욥에게 닥친 이 재앙은 하늘의 회의에서 결정된 사항이고 욥은 그 상황을 알지 못한다. 따라서 당연히 하나님께서 하늘 회의의 상황을 설명해 주실 줄 기대하는 것이다. 그러나 하나님은 그렇게 하지 않으셨다. 왜인가?

하나님은 "무지한 말로 계획을 어둡게 하는 자가 누구냐?"(38:2)고 하시면서 책망하듯 욥에게 대답하라고 재촉하신다. 하나님의 질문은 "내가 땅의 기초를 놓을 때에 네가 어디 있었느냐?"(38:4)라는 질문을 필두로 천지창조 전반에 대해 질문을 퍼붓는다. 질문의 핵심은 창조의 비밀을 알고 있느냐라는 것이며 창조할 능력이 있

25_ 히브리어 '데만'은 지명이기도 하고 '남쪽'이라는 뜻을 나타내기도 한다.

느냐 라는 것이다. 따라서 이러한 질문에는 인간이면 누구나 "알지 못합니다." 그리고 "창조 능력이 없습니다."라고 답변할 수밖에 없다. 바로 이 대답을 듣고자 질문하신 것이다. 창조는 하나님 홀로 하신 일임을 깨우치려고 질문하신 것이다. 인간이 알 수 없는 영역과 내용이 있음을 일깨워 주기 위한 질문인 것이다.

그런데 하나님의 질문 가운데는 우리도 놀랄만한 내용이 포함되어 있다. 하나님의 창조사역 가운데는 빛과 어둠, 그리고 환난과 전쟁까지 포함한다는 사실이다. 그리고 비와 구름, 우레와 번개, 눈과 우박과 바람, 이슬과 얼음과 눈, 하늘의 별 등을 창조하고, 그들을 통제하시는 분이 하나님이심을 강조하고 있다. 창조주이시며 역사의 주관자라고 고백하고 있기에 이러한 내용이 크게 놀라운 내용은 아니지만 자세히 살펴보면 정말 인간의 이성으로는 이해하기 힘든 내용이 들어있는 것도 있다.

독수리 새끼들이 입을 벌리면서 먹이를 먹고 있는데 그 먹이는 피가 아직도 흐르고 있는 살점이다. 그 살점은 어떤 동물의 몸에서 뜯어온 것인데 이러한 광경을 보이시면서 그 비밀을 아느냐고 질문하신다. 사실 먹이사슬이라 간단히 설명할 수는 있지만 나 자신이 그 먹이사슬의 한복판에 있다고 생각한다면 쉽게 수긍하기가 힘든 내용이다. 항의하고 싶은 때도 있는 것이다. 그러나 하나님은 그 비밀을 인간은 알지 못하지만 하나님의 큰 뜻 아래서 이 모든 것이 움직이고 있고 하나님이 통제하고 계신다는 사실을 알려주는 것이다.

욥으로서는 더 이상 물을 말도 대답할 말도 잃어버릴 지경이다. 자신의 고난도 우주 만물의 움직임 가운데 한 부분이며 무엇인가 역할을 하고 있다는 어렴풋한 깨달음이 있을 뿐이다. 바로 이러한 깨달음을 하나님은 기대하시는 것이다.

이 부분에서는 나타나지 않지만 태풍을 생각할 때 이해되는 부분이 있다. 태풍은 인간 편에서 보기에는 집이 무너지고 농작물이 파손되는 재난으로 여길 수 있지만, 바다 입장에서 보면 태풍은 바다를 깨끗하게 정화할 수 있는 기회이고 기후체계가 올바른 리듬으로 정립될 수 있는 기회이기도 하다. 따라서 자연 만물 전체를 생각한다면 인간은 태풍을 제거하려고 애쓰기보다 태풍과 더불어 살아갈 방도를 마련하는 것이 현명하다고 볼 수 있다. 이처럼 하나님의 창조사역과 온 우주를 이끌어 가시는 신비에 대해서는 인간으로서 측량하기 힘든 내용이 있을 수가 있는 것이다.

40:1–5 욥의 첫 번째 대답

1. 여호와께서 욥에게 대답하여 말씀하셨다.
2. "논쟁하는 자가 전능자와 다투겠느냐?
   하나님을 비판하는 자는 대답하라."
3. 욥이 여호와께 대답하여 말했다.
4. "보십시오. 저는 하찮게 되었는데
   주께 무엇이라 대답하겠습니까?
   제 손으로 내 입을 가릴 뿐입니다.
5. 제가 한 번 말씀드렸으니 더 이상 대답하지 않겠습니다.
   두 번째에는 덧붙이지 않겠습니다.

〈해석〉

욥이 드디어 하나님 앞에서 입을 열어 말하기 시작했다. 그토록 소원했던 하나님의 음성을 들었기에 욥으로서도 할 말이 많았을 것이다. 그런데 욥은 더 이상 대답하지 않겠다고 말하고 두 번째에는 덧붙이지 않겠다고 했다. 약간 애매한 말이다. 요약한다면 지금 더 이상 말씀드릴 것이 없을 정도로 압도당했다는 마음을 표현한 것이다.

욥의 말에 주목할 것은 회개한다거나 죄를 고백한다는 말이 없다. 하나님도 욥의 죄에 대해서는 한 마디도 하신 말씀이 없다. 따라서 하나님과 욥의 대화는 욥을 깨우치기 위한 하나님의 가르침이라는 사실이며 이 사실을 욥도 어렴풋이 깨달아 알아가고 있다는 사실이다. 욥은 이제 한 단계 더 깨닫는 경지로 들어서고 있으며, 이 사실에 욥도 할 말을 잃고 하나님의 말씀에 더욱 귀를 기울이고 있는 중이다.

40:6-41:34 여호와의 두 번째 말씀

6. 그 때에 여호와께서 회오리바람 가운데에서
 욥에게 대답하여 말씀하셨다.
7. 너는 대장부처럼 허리를 묶고
 내가 네게 물을테니 대답하라.[26]
8. 네가 내 공의를 헛되게 하려느냐?
 네가 의롭게 되려고 나를 악하다 하려느냐?
9. 네가 하나님처럼 팔이 있느냐?[27]
 그와 같은 소리로 천둥 소리를 내겠느냐?
10. 이제 너는 위엄과 존귀로 단장하며
 영광과 영화를 옷을 입어라.
11. 너의 넘치는 화를 흩어서

26_ 6-7절은 38장 1, 3절과 거의 동일하다. 하나님께서 욥에게 말씀하실 때 반복해서 동일하게 말씀하신 것이다.

27_ '팔'이란 '힘' 혹은 '능력'을 가리키는 표현이다.

모든 교만한 자를 발견하여 그들을 낮추어라.

12. 모든 교만한 자를 발견하여 굴복시키며
악인을 그들의 처소에서 짓밟아라.

13. 그들을 함께 흙에 숨기고
그들의 얼굴을 그 숨긴 곳에 두어라.

14. 그리하면 네 오른손이 너를 구원할 수 있다고
내가 인정할 것이다.

15. 자! 보아라! 내가 너를 지은 것 같이 지은 베헤못을,[28]
그것이 소처럼 풀을 먹는다.

16. 자! 보아라! 그것의 힘은 허리에 있고
그것의 능력은 배의 근육에 있다.

17. 그것이 꼬리를 백향목같이 늘어뜨리고
그 무릎 넓적다리 힘줄들이 서로 얽혀 있다.

18. 그 뼈는 놋관 같고
그 뼈대는 쇠 막대기 같다.

19. 그것은 하나님의 길들 중에 으뜸이니[29]
그것을 만드신 분 만 그의 칼을 가지고 다가갈 수 있다.

20. 참으로 산들은 그것을 위해 소산을 내고
모든 들짐승들이 거기서 논다.

21. 그것이 연 잎 아래에 눕거나
갈대 그늘에서나 늪 속에 엎드리니

22. 연이 그 그림자로 그것을 덮으며
시내 버들이 그것을 둘러싼다.

28_ '베헤못'이란 '큰 짐승'이란 뜻이며 '하마'라고 번역하기도 한다.

29_ '하나님의 길들'이란 표현은 '하나님의 방식들' 혹은 '하나님이 창조하신 것들'이라는 의미이다.

23. 보라! 강물이 거세어도 그것은 놀라지 않고
요단 강 물이 쏟아져
그 입으로 들어가도 태연하다.
24. 그것의 눈 앞에서
누가 능히 잡을 수 있겠으며
갈고리로 그것의 코를 꿸 수 있겠느냐?

제41장[30]

1. 네가 낚시로 리워야단을 끌어내겠느냐?[31]
줄고 그 혀를 제어하겠느냐
2. 네가 갈대로 그 코를 꿸 수 있겠느냐?
가시로 그 턱을 꿸 수 있겠느냐?
3. 그것이 네게 계속하여 간청하겠느냐?
네게 부드럽게 말하겠느냐?
4. 그것이 너와 계약을 맺고
너는 그것을 영원히 종으로 부릴 수 있느냐?
5. 네가 그것을 새를 가지고 놀 듯 하겠으며
네 어린 여자 아이들을 위해 그것을 매어두겠느냐?
6. 장사꾼들이 그것을 놓고 거래하겠으며
상인들이 그것을 나누겠느냐?
7. 네가 많은 창으로 그 가죽을 찌르거나
작살을 그 머리에 꽂을 수 있겠느냐?
8. 네 손바닥을 그 위에 얹어 보라

30_ 장.절 구분에 있어서 히브리어 성경과 한글성경에 차이가 있다. 41장 1-34절은 히브리어 성경 40:25-41:26 부분을 번역한 것이다.

31_ '리워야단(Leviathan)'은 '악어'로 번역되기도 하는데 전설적인 동물로서 바다의 괴물이라 할 수 있다. 41장 전체가 리워야단에 대한 이야기로 가득 차 있다.

다시는 싸울 생각을 못할 것이다.

9. 보라! 그것을 잡으려는 희망은 부질없는 것이라.
그것을 보기만 해도 내던져지지 않겠느냐?

10. 아무도 그것을 격동시킬 만큼 담대하지 못하거든
누가 내 앞에 나와 맞설 수 있겠느냐?

11. 누가 먼저 내게 주고 나로 하여금 보상하게 하겠느냐?
모든 하늘 아래 있는 것이 다 내 것이라.

12. 내가 그것의 지체와 큰 힘과
훌륭한 구조에 대하여 잠잠하지 않을 것이다.

13. 누가 그것의 겉가죽을 벗기겠느냐?
그것의 턱 안으로 누가 들어갈 수 있겠느냐?

14. 누가 그 얼굴의 문을 열겠는가?
그것의 이빨 주위는 심히 두렵구나.

15. 비늘 방패들은 그것의 자랑이라.
튼튼하게 봉인하듯이 닫혀 있다.

16. 그것들이 하나씩 하나씩 이어져 있어
바람이 그 사이로 들어가지 못한다.

17. 서로 이어져 붙어있고
움켜잡고 있어 떨어지지 않는다.

18. 그것이 재채기를 한즉 빛이 번쩍거리고
그것의 눈은 새벽의 눈꺼풀 같다.

19. 그것의 입에서 횃불이 나오고
불꽃이 튀어 나온다.

20. 그것의 콧구멍에서 연기가 나오니
마치 갈대로 솥을 끓이는 것과 같다.

21. 그것의 입김은 숯불을 지피며

그의 입은 불길을 뿜는다.

22. 그것의 힘은 그의 목덜미에 있으니
그 앞에서는 공포가 춤을 춘다.

23. 그것의 살껍질은 서로 연결되어
탄탄하며 움직이지 않는다.

24. 그것의 가슴은 돌처럼 단단하며
맷돌 아래짝 같이 단단하다.

25. 그것이 일어나면 신들이 두려워하며
놀라서 물러난다.

26. 칼이 그에게 꽂혀도 소용이 없고
창이나 표창이나 작살도 소용이 없다.

27. 그것이 쇠를 지푸라기 같이,
놋을 썩은 나무 같이 여긴다.

28. 화살이라도 그것을 물리치지 못하고
물맷돌도 그것에게는 지푸라기 같이 된다.

29. 몽둥이가 지푸라기 같이 여겨지고
단창이 날아오는 소리를 우습게 여긴다.

30. 그것의 아래쪽에는 날카로운 토기 조각 같은 것이 있어
진흙 위에 타작기 자국을 남긴다.

31. 깊은 물을 솥처럼 끓게 하고
바다를 기름 솥 같이 만든다.

32. 그것의 뒤에서 빛나는 길이 나오니
그것이 깊은 바다를 백발로 만든다.

33. 그것과 비슷한 것이 먼지 위에는 없으니[32]
그것은 두려움이 없는 것으로 만들어졌다.

32_ '먼지 위에'라는 표현은 '흙 위에' 혹은 '세상에'라는 뜻이다.

34. 그것은 모든 높은 자를 내려다보고
모든 교만한 자들 위에 왕이다.

〈해석〉

욥의 말을 들으시고 하나님은 두 번째 말씀을 이어가신다. 이번에는 전설적인 짐승인 베헤못과 전설적인 바다 괴물인 리워야단에 대한 이야기로 온통 가득 차 있다. 왜 이런 괴물들에 대해 이야기하시는가?

괴물들은 사람들이 도저히 통제할 수 없고 부릴 수 없는 것으로 오직 하나님만 통제할 수 있는 존재들이다. 이 괴물들은 세상에 있는 악을 상징하는데 악도 하나님이 제어하시고 부리고 계신다는 사실을 보여주는 것이다. 하나님은 폭력으로 악을 완전히 없애버리기보다 하나님의 능력으로 악을 통제하며 적절히 활용하신다는 사실을 알려주는 것이다. 이것이 하나님의 통치 방식이며 우주를 이끌어 가시는 하나님의 방식임을 보여주는 것이다.

욥이 자신에게 닥쳐온 재난에 대해 하나님께 항의를 하고 있는데 하나님은 그 재난까지도 하나님의 통치 아래 있는 어떤 것이고 하나님의 통치 방식 안에 포함될 수 있음을 알려주는 것이다. 인간으로서는 이해하기 힘들지만, 하나님은 이 모든 것을 제어하시면서 적절히 활용하여 온 우주 만물을 이끌어 가시는 것이다.

42:1-6 욥의 대답 – 여호와께 순복하는 욥

1. 욥이 여호와께 대답하여 말했다.
2. "주께서는 모든 것을 하실 수 있으며
무슨 계획이든지 불가능한 것이 없다는 것을 알았습니다.

3. 무지한 말로 계획을 어둡게 하는 자가 누구냐고 (말씀 하셨습니다.)
참으로 놀라운 일을 저는 깨닫지도 못하고 알지 못하고 말하였습니다.
4. 제발 들어 주십시오. 제가 말하겠습니다.
제가 주께 묻겠사오니 저로 알게 해 주십시오.
5. 제가 주께 대하여 귀로 듣기만 하였는데
이제는 제 눈으로 주를 봅니다.
6. 그러므로 저는 (제 주장을) 버릴 것이며,
재와 티끌에 관한 제 주장을 바꿀 것입니다."

〈해석〉

욥기에서 가장 핵심적인 내용이 이 부분에 담겨있다. 욥의 마지막 말인데 중요한 것은 욥이 죄를 지었고, 그리고 회개했느냐는 것이다. 한글 번역 성서를 비롯해서 많은 번역들이 회개했다고 번역하고 있는데 이 번역은 문제가 있다.

6절의 히브리어 단어 '니함'을 '회개하다'라고 번역할 수도 있지만 '바꾸다' 혹은 '위로하다' 등으로 번역할 수도 있다. 그리고 히브리어 가운데 '회개하다'로 번역되는 전형적인 단어로는 '슈브'라는 단어가 따로 있다. 따라서 6절의 경우에는 '바꾸다'로 번역할 가능성이 충분히 있는 것이다. 더구나 42장을 계속 읽어가 보면 하나님이 욥을 책망하신 것이 아니라 욥의 친구들이 잘못했다고 책망하셨다. 그리고 하나님께 집요하게 질문을 퍼부었던 욥의 태도에 대해서 하나님은 잘못했다고 이야기하지 않으셨다. 또한 욥도 더 이상 질문하지 않겠다고 말하지 않았다. 오히려 "제발 들어 주십시오. 제가 말하겠습니다. 제가 주께 묻겠사오니 저로 알게 해 주십시오."(4절)라고 계속해서 하나님께 질문하겠노라 결심하는 말을 하고 있다. 따라서 6절의 '니함'은 '회개하다'고 번역하기 보다 새로운 깨달음 때문에 자신의 주장을 바꿀 것이라 결심하는 내용으로 번역하는 것이 적절하다.

그리고 '재와 티끌에 관한 제 주장'이란 티끌(흙먼지)로 만들어졌으며(창2:7) 시간이라는 한계 속에 살고 있기에 재와 같이 덧없이 사라지는 인간이란 의미도 있고, 흙으로 만들어진 보잘 것 없는 인간이지만 감히 하나님 앞에서 변론하고자 하는 인간(창18:27)이란 뜻도 있다. 즉 재와 티끌에 관한 욥의 주장이란 것은, 하나님을 만나기 이전에 욥이 품었던 마음 즉 하나님 앞에서의 무력감과 항거하는 마음을 뜻하는 것으로 볼 수 있다.

욥은 뜻밖의 재난을 당해 당황하면서도 이것이 무슨 일인지 하나님께 묻고자 하였다. 자신의 죄 때문에 당하는 형벌이라는 친구들의 충고를 한 마디로 거절하고 무슨 특별한 이유가 있으리라 짐작만 하고 하나님께 질문하였다.

그 결과 하나님께서 욥에게 나타나셔서 말씀해 주셨는데 놀랍게도 창조주 하나님의 모습을 보여 주시면서 인간인 욥이 감히 상상도 할 수 없는 큰 계획 속에서 하나님이 온 세상 만물을 움직이신다는 사실을 깨닫게 해주셨다. 이러한 대화 속에서 욥은 자신에게 다가온 재난도 하나님의 큰 계획 속에서는 무엇인가 역할을 할 수 있을 것이라 어렴풋이 짐작하면서 그 어려움과 고통을 감내하기로 마음을 다졌던 것이다. 그리고 계속해서 하나님과 대화하면서 살아가기로 마음을 정하고 그 내용을 하나님께 말씀 드렸다.

Ⅲ. 맺는 말 42:7-17

7. 여호와께서 욥에게 이 말씀을 하신 후에 여호와께서 데만 사람 엘리바스에게 말씀하셨다.

"내가 너와 네 두 친구에게 화가 났으니, 이는 너희가 나를 가리켜 말한 것이 내 종 욥처럼 바르지 않았기 때문이다.

8. 그러니 이제 너희는 수소 일곱과 숫양 일곱을 가지고 내 종 욥에게 가라. 그리고 너희를 위하여 번제를 드리고 내 종 욥이 너희를 위하여 기도하게 하라. 그러면 내가 그를 기쁘게 받을 것이며 너희가 어리석은 만큼 너희에게 갚지 않을 것이다. 이는 너희가 나를 가리켜 말한 것이 내 종 욥처럼 바르지 않았기 때문이다."

9. 이에 데만 사람 엘리바스와 수아 사람 빌닷과 나아마 사람 소발이 가서 여호와께서 자기들에게 명령하신 대로 행했다. 여호와께서 욥의 얼굴을 들어 주셨다.[33]

10. 욥이 그의 친구들을 위하여 기도할 때 여호와께서 욥의 재산을 돌려주셨는데 여호와께서 욥에게 모든 것을 갑절로 더하셨다.

11. 이에 그의 모든 형제와 그의 모든 누이들과 이전에 알던 이들이 모두 와서 그의 집에서 그와 함께 음식을 먹고, 여호와께서 그에게 내리신 모든 재앙에 관하여 그를 위하여 슬퍼하며 위로하고, 각 사람이 케쉬타 하나씩과 금 고리 하나씩을 그에게 주었다.

12. 여호와께서 욥의 말년에 욥에게 처음보다 더 복을 주셨는데, 양 만 사천과 낙타 육천과 소 천 겨리와 암나귀 천을 주셨고,

13. 또 아들 일곱과 딸 셋을 두었다.

14. 그의 첫째 딸은 여미마라 이름하였고, 둘째 딸은 긋시아라 이름하였고,

33_ "(욥의) 얼굴을 들어 주셨다"는 표현은 욥의 기도를 들으시고 친구들을 용서해 주셨다는 뜻이다.

셋째 딸은 게렌합북이라 이름하였다.
15. 모든 땅에서 욥의 딸들처럼 아름다운 여자가 없었다. 그들의 아버지가 그녀들에게 그들의 형제들 가운데서 기업을 주셨다.
16. 그 후에 욥이 백사십 년을 살며 아들과 손자 4대를 보았다.
17. 욥이 늙어 나이가 차서 죽었다.

〈해석〉

하나님께서 마지막에 욥에게 어떻게 했는지를 상세히 말하고 있다. 하나님은 욥을 인정했지만 욥의 친구에게는 진노하셨다. 7절과 8절에 동일하게 욥의 친구들에 대한 하나님의 판단이 나타나는데, "이는 너희가 나를 가리켜 말한 것이 내 종 욥처럼 바르지 않았기 때문이다."라는 하나님의 판단이 반복해서 나타난다. 그만큼 하나님은 욥의 행동에 대해서 의롭다고 보았고 욥에게 회개를 촉구한 욥의 친구들이 잘못했다고 판단한 것이다. 하나님은 욥으로 하여금 친구들을 위해 기도하도록, 중재자가 되도록 요구하셨으며 욥 덕택으로 욥의 친구들은 하나님의 진노를 피할 수 있었다.

하나님은 욥에게 다시 10명의 자녀들을 주시고 재산을 갑절로 주셨다. 그리고 욥은 친지들과 함께 즐거운 잔치를 베풀게 되었다. 또한 욥은 140세를 살면서 장수하기 까지 하였다. 이 모든 것이 하나님께서 욥에게 내린 큰 은혜라 할 수 있다.

전도서

제2부

Ⅰ. 머리말 1:1-11

Ⅱ. 삶을 관찰함 1:12-6:9

Ⅲ. 전도자의 결론 6:10-11:6

Ⅳ. 맺는 말 11:7-12:8

Ⅴ. 후기 12:9-14

제2부 전도서

Ⅰ. 머리말 1:1-11

1. 다윗의 아들 예루살렘 왕 코헬렛의 말이라.[34]
2. 코헬렛이 말한다. "덧없고 덧없으며 덧없고 덧없으니 모든 것이 덧없구나.
3. 해 아래에서 수고하는 모든 수고가 그 사람에게 무엇이 유익한가?
4. 한 세대는 가고 한 세대는 오되 그 땅은 영원히 있다.
5. 해가 뜨고 해가 져서 그의 자리로 빨리 돌아가 거기서 다시 떠오른다.
6. 바람은 남쪽으로 불다가 북쪽으로 돌며 이리 돌며 저리 돌다가 바람이 불어온 곳으로 돌아간다.
7. 그 모든 강들이 다 바다로 흐르나 바다를 채우지 못하며 강물은 흐르는 곳 그 곳으로 돌아가 흐른다.
8. 모든 만물이 피곤하다는 것을 사람이 말로 다 할 수 없다. 눈은 보아도 만족함이 없고 귀는 들어도 가득 차지 않는다.
9. 이미 있던 것이 다시 있을 것이고, 이미 행한 일이 후에 행한다. 해 아래에는 새 것이 아무것도 없다.
10. '보라, 이것이 새 것이다'라고 말하는 것이 있으나, 그것은 이미 우리가 있기 오래 전에 이미 있었던 것이다.
11. 그 이전 사람들이 기억되지 않고, 장래 사람들도 그 마지막에 있을 사

34_ 『개역개정』에 '코헬렛'을 '전도자'로 번역하고 있으나 그 의미는 '설교자'에 가깝다.

람들에게 기억되지 않을 것이다.

〈해석〉

편집자는 코헬렛(설교자)을 소개하기를 "다윗의 아들이요 예루살렘의 왕"이라 하였다. 구체적으로 솔로몬을 가리키는 것으로 볼 수 있다. 그리고 12절에서 "예루살렘에서 이스라엘을 다스리던 왕"이라는 코헬렛 자신의 보충 설명을 또한 볼 수 있다. 솔로몬 왕이 전도서를 저술하였는가? 전도서의 내용을 보면 코헬렛은 나이와 경험이 많은 지혜자의 모습으로 나타나며 왕의 모습으로는 나타나지 않는다.

아마도 솔로몬 왕은 지혜의 왕으로 널리 알려져 있는 왕이기에 (왕상 4:32) 중요한 지혜서인 전도서를 그의 저술로 소개한 것으로 보인다.[35] 마치 집현전 학자들이 한글을 만들었으나 세종대왕이 한글을 창제했다고 이야기하는 것과 비슷하다. 솔로몬을 전도서의 저자로 표기함으로서 전도서의 권위를 높이려 했던 것으로 보인다. 문헌의 저자를 왕이나 유명인물에게 돌리는 이러한 현상은 이집트 문헌에서도 발견되며 성경에는 잠언과 아가에서도 발견된다.[36]

코헬렛의 첫 마디인 '덧없음'은 히브리어로 '헤벨'을 번역한 것이다. 이 단어는 이 책 전체의 의미를 전달해 주는 핵심적인 단어이다. 『개역개정』에서는 이 단어를 "헛된 것"으로 번역하여 전도서 전체를 회의적이며 비관적인 색채로 칠해버렸다. 그러나 '헤벨은'은 '숨결' 혹은 '수증기' 등의 뜻이 담긴 명사형으로써 구약성서 전체에 73회 나타나는 단어인데, 전도서에서만 38회 나타나는 전도서 특유

35_ "저(솔로몬)가 잠언 삼천을 말하였고 그 노래는 1005이며"(왕상 4:32)

36_ 이집트 문헌; AEL. I, 136.

의 단어이며 전도서의 핵심적인 단어이다.

'헤벨'이란 단어는 주로 비유적으로 사용되는데 숨결이나 수증기처럼 잠깐 있다가 사라져 버리는 현상을 표현하는 단어이다. 즉 너무도 빨리 사라져 버린다는 아쉬움과 안타까움을 나타내는 단어이다. 젊은 나이에 어이없게도 형에게 살해당했던 아벨은 히브리어로 '헤벨'인데 너무도 빨리 인생을 마감한 인물이기에 이야기 가운데 그러한 이름이 붙여졌을 가능성이 있다.

'헤벨'이란 어떤 특정한 상황에는 적합할지라도 다음 순간 아무런 쓸모가 없어지는 것을 말하며, 일시적이고, 상대적이라서 영원하다거나 절대적이지 못하는 '덧없음'을 의미하기도 한다. 그러나 '헤벨'은 결코 악하다거나 잘못된 것을 지칭하는 말은 아니다. 다만 '헤벨'은 한계가 있는 피조물의 실상을 있는 그대로 표현해 주는 단어일 뿐이다.

전도서의 핵심을 전달해 주는 두 번째의 단어는 '유익'으로 번역되는 히브리어 '이트론'이다. '이트론'에는 상인들이 장사해서 마지막에 얻는 '이익' 혹은 '소득'이라는 의미가 들어있다. 또한 '이트론'의 뜻은 일시적인 기쁨이나 사라져 버리는 어떤 것이 아니라, 쌓아놓을 수 있고 영구히 저장할 수 있으며 기억될 수 있는 것을 가리킨다.

그러나 사람이 수고하여 '소득'을 얻었다하여 그 '소득'이 영원한 것이 될 수는 없으며 언제나 유익을 줄 수 있는 어떤 것이 될 수 없다. 마치 날개달린 새처럼 재물은 언제든지 날아갈 수 있으며, 재물을 가졌다하나 인생의 생명이 사라지면 그 재물은 헛것이 되어 버린다. 신약성경의 부자의 비유에서도 비슷한 이야기가 나타난다(누가복음 12:16-21). 따라서 인생은 아무리 노력하여도 "영구히 유익을 주는" '이트론'을 차지할 수는 없다. 불가능한 것이다. 그래서 코헬렛은 사람이 평생 수고한들 자기에게 무엇이 유익(이트론)하냐는 탄식하는 것이다.

전도자의 질문은 성실하게 땀흘려 일하는 사람들을 깜짝 놀라게 한다. 우선 '유익'이라는 단어가 들어있는 3절에서 강조하고자 하는 것은 사람이 아무리 발버둥 쳐도 '영원한 것'을 소유하거나 영원한 존재가 될 수 없다는 인간의 한계를 밝히는 것이지, 성실한 생활 자세를 경시하는 것은 아니라는 사실을 염두에 둘 필요가 있다.

사람은 한 평생 동안 돈을 벌기 위해서, 권력을 차지하기 위해서, 명예를 얻기 위해서, 건강한 신체를 유지하기 위해서 온 힘을 다해서 땀 흘리며 노력한다. 그러나 마지막 결산할 때 남는 것은 무엇인가? 한 평 남짓한 묘지와 수의 한 벌인가? 물론 기독교인은 죽음 이후의 세계라든가, 영생에 대해서 할 말이 많을 것이다. 그러나 전도자는 현세에서의 인간의 모습을 정직하고 솔직하게 이야기 해보자는 것이다. 그는 영원히 재물을 향유할 수 있을 것처럼 돈을 벌고 천년만년 영화를 누릴 수 있을 것처럼 수단 방법을 가리지 않고 권력에 집착하며 무엇이든지 남보다 나아야 된다는 경쟁 심리 속에 살고 있는 현대인의 헛된 욕망에 경종을 울리는 이야기를 하고 있는 것이다.

3절에 나타나는 '수고' 히브리어 '아말'을 번역한 것인데 이 단어는 전도서에만 35회나 나타나는 핵심적인 단어이다. 또한 "해 아래서"라는 구절도 29회나 나타나는 중요한 구절이다. "해 아래서"라는 표현은 죽음의 세계가 아닌 현실세계라는 뜻을 표현한 것이다.

4절에서 인간의 영속성과 불멸성이라는 이데올로기에 대해 일침을 놓고 있다. 사람은 자식을 통해 계속해서 살아간다는 생각을 가진다. 그러나 인간은 죽음으로 마감할 수 밖에 없으며 자식을 통해 영원히 산다는 것은 생각일 뿐이다. 그리고 대를 이어 가문을 유지하고 대를 이어 위대한 업적을 성취하려 한다. 그러나 변화시킬 수 있는 것은 지극히 적은 부분이다.

5-8절에서는 사람의 행위에서(3-4절) 이제 자연의 움직임으로(5-7절) 이미지가 달라진다. 해와 바람과 강물이 돌고 돌아 움직이는 모습을 보여주면서, 그 모든 만물이 크게 한 일도 없으면서 피곤해 하고 있다고 결론을 내린다.

9-11절은 3-8절을 해석한 산문 부분이다. 모든 것이 반복되고 "해 아래에는 새 것이 없구나"라고 탄식하는 코헬렛의 말은 얼핏 불교의 윤회설과 비슷하다는 느낌이 들지만 여기서 말하고자 하는 것은 전혀 다른 것이다. 사람의 손으로 이루어 놓은 것과 사람이 차지하고 소유한 것들은 지나간 시대의 사람들이 그러하였던 것처럼 사람의 욕구를 충족시키지 못하고, "조금만 더! 조금만 더!"하고 외쳐 보아도 사람은 한계에 부딪히며 피조물의 능력 이상을 발휘할 수 없다는 뜻이다. 인간이 끊임없이 성장할 수 있고 무한하게 발전할 수 있다는 미신을 깨뜨리자는 것이다.

코헬렛의 첫 마디는 긍정적인 삶의 자세에 찬물을 끼얹는 것 같지만, 기실 코헬렛은 우리가 자신도 모르게 신봉하는 미신 즉 인간의 불멸성 혹은 영원성이라는 것과 인간 능력의 무한성 등의 미신을 부셔버리고 피조물로써의 인간의 한계와 능력의 유한성을 정직하게 바라보고 우리의 삶을 새롭게 출발시키자는 것이다. 이러한 자세는 인간을 격하시키는 것이 아니라, 창조주 하나님을 인정하는 자세요, 인간 본연의 모습을 회복하는 태도이다.

Ⅱ. 삶을 관찰함 1:12-6:9

1:12-2:26 지혜와 소유물이 완전한 행복을 보장하는가?

12. 나 전도자는 예루살렘에서 이스라엘 왕이었으며
13. 마음을 다하며 지혜를 써서 그 하늘 아래에서 행하는 모든 일을 연구하며 살폈는데 그것은 하나님께서 사람들을 괴롭히려고 그에게 주신 악이었다.
14. 내가 그 해 아래에서 행해지는 모든 일을 보았다.
    보라! 모두 다 덧없이 바람을 잡으려는 것이다.
15. 구부러진 것을 곧게 할 수 없고
    모자란 것도 셀 수 없다.
16. 내가 내 마음 속으로 말했다. 이르기를, "보라! 내가 크게 되고 지혜를 더 많이 얻었으므로 나보다 먼저 예루살렘에 있던 모든 사람들보다 낫다 하였고 내 마음이 지혜와 지식을 많이 만나 보았다.
17. 내가 다시 지혜를 알고자 하며 어리석은 것들과 미련한 것들을 알고자 하여 마음을 다했으나, 이것도 바람을 잡으려는 것인 줄을 깨달았다.
18. 왜냐하면 지혜가 많으면 번뇌도 많아지고
    지식을 더하는 사람은 근심을 더하게 되기 때문이다."

2장

1. 나는 내 마음 속으로 말했다.
   "자, 가서 내가 시험삼아 너를 즐겁게 할것이니
   너는 좋은 것을 보라." 하였으나
   보라! 이것도 덧없다.
2. 내가 웃음을 '미친 것'이라 말하였고

희락에 대하여 이르기를 이것이
무슨 소용이 있는가 하였다.

3. 지혜를 갈망해 온 나는, 술로 내 육신을 즐겁게 하고, 낙을 누려 보려고 마음먹은 적도 있다. 참으로 어리석게도, 하늘 아래서 이렇게 사는 것이 며칠 되지 않는 짧은 한평생을 가장 보람 있게 사는 것이라고 생각하였다.

4. 나는 나의 사업을 크게 하였다.
내가 나를 위하여 집들을 짓고 포도원을 일구었다.

5. 여러 동산과 과원을 만들고
그 가운데에 각종 과일나무를 심었다.

6. 나를 위하여 물웅덩이를 파고
수목을 기르는 삼림에 물을 주었다.

7. 내가 남녀노비들을 사기도 하였고
나를 위하여 집에서 종들을 낳기도 하였으며,
나보다 먼저 예루살렘에 있던 모든 자들보다도
내가 소와 양 떼를 더 많이 가졌다.

8. 내가 나를 위하여
은과 금과 왕들이 소유한 보배와
여러 지방의 보배를 나를 위하여 모았다.
또 노래하는 남녀들과
남자들이 좋아하는 처첩들도 많이 거느려 보았다.

9. 내가 나보다 먼저 예루살렘에 있던 모든 자들보다
더 크게 되었고 내 지혜도 여전히 내게 있었다.

10. 무엇이든지 내 눈이 원하는 것을
내가 삼가지 않았으며
무엇이든지 내 마음이 즐거워하는 것을
내가 막지 아니하였다.

참으로 나의 모든 수고를 내 마음이 기뻐하였고
이것이 나의 모든 수고로 말미암아 얻은 몫이었다.
11. 그러나 내 손으로 한 모든 일과
내가 이루려고 수고한 나의 수고를 돌이켜 보니
참으로 모든 것이 다 헛되어 바람을 잡는 일이라.
그 해 아래 아무 유익이 없었다.
12. 그래서 내가 지혜와 어리석음과
미련함을 보려고 돌아 보았다.
참으로 그 왕 뒤에 오는 자는 무슨 일을 행할까?
이미 그들은 행한 것을 할 뿐이다.
13. 내가 보니 빛이 어둠보다 유익한 것처럼
지혜가 어리석음보다 유익하다.
14. 지혜자는 그의 눈이 그의 머리 속에 있으나
어리석은 자는 어둠 속에 다닌다.
그러나 같은 일이 그들 모두에게 일어난다나는 것을
나도 깨달았다.
15. 내가 내 마음속으로 말했다.
"그 어리석은 자에게 일어나는 일이
나에게도 일어나는데
내가 왜 앞으로 더 지혜로워야 하는가?"
이에 내가 내 마음속으로 말했다.
"이것도 또한 덧없다."
16. 참으로 지혜자도 우매자와 함께
영원하도록 기억되지 않는다.
나중에는 모두 다 잊어버려 질 것이다.
아! 지혜자가 어리석은 자와 함께 죽는구나.

17. 그래서 내가 사는 것을 미워하였다.
왜냐하면 해 아래에서 행해지는 일이
내게 악했기 때문이다.
참으로 모두 다 헛되어 바람을 잡으려는 것이다.
18. 내가 해 아래에서 내가 한 모든 수고를 미워하였다.
왜냐하면 내 뒤를 이을 이에게
물려주어야하기 때문이다.
19. 그 사람이 지혜자 일지, 우매자 일지 누가 알겠는가?
내가 해 아래에서 내 지혜를 다하여
수고한 모든 결과를 그가 다 관리할 것이니
이것도 덧없다.
20. 그래서 내가 해 아래에서 한 모든 수고에 대하여
내 마음으로 실망하였다
21. 참으로 그 지혜와 지식과 재주를 다하여 수고하였어도
그가 얻은 것을 수고하지 아니한 자에게
그의 몫으로 주는 사람이 있으니
이것도 덧없는 것이며 큰 악이다.
22. 참으로 사람이 해 아래에서 행하는 모든 수고와
마음에 애쓰는 것이 무슨 소득이 있는가?
23. 참으로 그의 모든 날들은 고통이며
그의 일은 화냄이다.
그의 마음이 밤에도 눕지 못하니 이것도 덧없다.
24. 사람이 먹고 마시며 수고하는 것보다
그의 마음을 더 기쁘게 하는 것은 없다.
내가 이것도 본즉 하나님의 손에서 나오는 것이라.
25. 참으로 먹고 즐기는 일을

누가 나보다 더 해 보았겠는가?

26. 참으로 하나님은 그 앞에서 선한 사람에게는
지혜와 지식과 기쁨을 주신다.
그러나 죄인에게는 모으고 쌓는 일을 주셔서
하나님 앞에 선한 사람에게 주시니
이것도 덧없고 바람을 잡는 일이다.

〈해석〉

코헬렛은 지혜를 추구하는 사람이었다. 평생 지혜를 얻고자 노력하였고 세상 이치를 탐구해 왔다. 그러나 그 모든 일이 덧없다는 것을 깨달았다. 결국 코헬렛은 "지혜가 많으면 번뇌도 많아지고 지식을 더하는 사람은 근심을 더하게 된다"(1:18)는 결론을 얻었다. 그렇게 소원했던 지혜도 코헬렛의 행복을 보장해 주지 못했다는 이야기다.

코헬렛이 경험한 또 다른 것은 지혜 자나 어리석은 자나 똑 같이 죽음을 맞이한다는 사실이다. 더욱 실망스러운 것은 지혜 자나 어리석은 자나 모두 시간이 지나면 사람들의 기억 속에서도 사라진다는 사실이다. 인간이면 누구나 가지고 있는 한계, 즉 죽음을 생각할 때 갑자기 덧없는 느낌을 느낄 수밖에 없었던 것이다.

지혜를 추구하는데 실망한 코헬렛은 이제 쾌락을 찾아 나섰다. 큰 집과 과수원과 정원을 만들고 많은 보석과 재물을 소유하고 하인들과 처첩과 술과 노래로 만족을 얻으려 하였다. 그러나 그 쾌락이 행복을 보장해 주지는 못하였다. 덧없고 허망한 느낌만 느낄 뿐이었다. 코헬렛은 여러 가지를 시도했지만 실망만 하고 반복해서 "다 헛되어 바람을 잡는 일이라"는 말로서 결론을 대신하였다(1:14, 17; 2:11, 17, 26).

특히 소유물, 즉 재물을 모으고 쌓아 행복해지려는 노력을 평생토록 계속하였지만 누리지도 못하고 다른 사람이 물려받아 그 부를 누리는 것을 보면서 코헬렛은 실망을 감추지 못한다. 지혜와 소유물이 인간에게 진정한 행복을 주지 못한다면 이제 무엇으로 인생은 행복해질 수 있는가?

코헬렛이 찾은 것은 "먹고 마시며 수고하는 가운데 즐거워하는 것"이 정말 사람에게 좋은 것인데, 이것이 바로 하나님이 인간에게 주신 선물이란 것이다(2:24). 특히 선한 사람에게는 지혜와 지식과 기쁨을 주신다고 하였다. 그런데 악한 사람에게는 모으고 쌓는 수고를 하도록 하신다는 것이다.

여기서 코헬렛은 상식으로 여기는 일반적인 생각에 제동을 걸고 있다. 지혜도 많고 부유한 사람이 행복하다는 일반적인 상식을 깨뜨려 버리고 오히려 즐겁게 일하며 먹고 마시는 일상적인 평범한 생활이 얼마나 소중한 지를 일깨워주고 있다.

특히 자본주의 경제체제 속에 살아가는 우리들에게는 충격을 주는 말이다. 자본이 늘어나야 더 많은 자산을 만들 수 있고 경제적으로 안정감을 느낄 수 있고, 나아가서 윤택하고 부유하게 살 수 있다고 생각한다. 또한 인공지능을 비롯해서 새로운 과학기술을 활용할 수 있는 능력을 키우고 지혜롭게 행동해야 경쟁 체제 속에서 소위 '성공'할 가능성이 높아지는데 코헬렛은 이 두 가지 모두 행복을 보장해 줄 수 없다고 하는 것이다. 그러면 무엇을 해야 행복할 수 있는가?

코헬렛은 땀흘려 노력하는 것이 아무 소용도 없다는 말을 하려는 것이 아니다. 지적하려고 하는 것은 아무리 많이 모으고 아무리 지혜가 높다 해도 영원토록 누릴 수는 없다는 것이다. 죽음이 기다리고 있는 길을 전력을 다해 달려가는 모습이라는 것이다.

따라서 모으고 소유하는 것이 행복한 인생을 만드는 길이 아니라 하루하루 일상생활을 이어가는 그 순간순간이 참으로 중요하고 행복이 그 가운데 있다는 것이다. 소유물이 아니라 살아가는 과정에 행복이 있고 그것이 중요하다는 점을 일깨워주고 있는 것이다.

3:1-15 모든 일에는 때가 있다.

1. 모든 것에는 시간이 있고,
   해 아래 모든 것에는 다 때가 있다.
2. 태어날 때가 있고 죽을 때가 있으며
   심을 때가 있고 심겨진 것을 뽑을 때가 있으며
3. 죽일 때가 있고 치료할 때가 있으며
   허물 때가 있고 세울 때가 있으며
4. 울 때가 있고 웃을 때가 있으며
   슬퍼할 때가 있고 춤출 때가 있으며
5. 돌을 던질 때가 있고 돌을 모을 때가 있으며
   껴안을 때가 있고 껴안는 것을 멀리 할 때가 있으며
6. 찾을 때가 있고 잃을 때가 있으며
   지킬 때가 있고 버릴 때가 있으며
7. 찢을 때가 있고 꿰맬 때가 있으며
   잠잠할 때가 있고 말할 때가 있으며
8. 사랑할 때가 있고 미워할 때가 있으며
   전쟁할 때가 있고 평화의 때가 있다.
9. 일하는 자가 그의 수고로 말미암아
   얻는 이득이 무엇이냐?
10. 나는 하나님께서 그 사람들을 괴롭히려고

그들에게 주신 일을 보았다.

11. 하나님께서 이 모든 것을 때를 따라 아름답게 만드셨고 또 사람들의 마음속에 영원을 사모하는 마음을 주셨다. 그러나 하나님께서 처음부터 끝까지 행하신 그 일을 사람이 발견하지 못하도록 하셨다.

12. 사람이 사는 동안에 기뻐하며 선을 행하는 것보다 더 나은 것이 없다는 것을 내가 알았다.

13. 그리고 모든 사람이 먹고 마시는 것과 수고해서 좋은 것을 보는 그것이 하나님의 선물인 줄도 또한 알았다.

14. 하나님께서 행하시는 모든 것은
영원히 있을 것이다.
그 위에 더 할 것도 없고 그것에서 뺄 것도 없다.
사람들이 그의 앞에서 경외하도록
하나님께서 행하신다는 것을 내가 알았다.

15. 이제 있는 것이 옛날에 있었고
장래에 있을 것도 이미 있었다.
하나님께서 이미 지난 것을 다시 찾으신다.

〈해석〉

모든 일에는 때가 있다고 한다. 마치 미래가 결정되어 있다는 듯이 하는 말이고 운명론자의 말과 같다. 정말 코헬렛이 그러한 주장을 하려고 말을 시작했을까?

정작 하고 싶은 말은 그것이 아니다. 인간의 한계에 대해서 이야기 하려는 것이다. 아무리 문명이 발달해도, 아무리 인간이 능력을 키워도 인간이 할 수 없는 것이 있다는 점을 지적한 것이다. 그 중 하나가 '시간'이다.

코헬렛이 이야기하고자 하는 것은 인간의 한계이다. 그리고 사람을 비롯한 자연 만물이 이러한 한계가 있는 차원에서 살아가고 있음을 지적한 것이다. 결코 인간의 노력이나 인생 존재 자체가 무가치하다고 주장하는 것이 아니다. 다만 인간의 한계를 또 다르게 표현한 것 뿐이다.

그러면 인간은 어떻게 살아야 할까? 2장과 마찬가지로 여기서도 '먹고 마시며 수고하여 낙을 누리는' 평범한 삶을 살아가는 것이야 말로 하나님의 선물임을 재차 강조하고 있다.

3:16-4:3 오호라 학대받는 자에게 위로자가 없구나!

16. 또 내가 해 아래에서 보건대
재판하는 곳에도 악이 있고
정의를 행하는 곳에도 악이 있는 것을 보았다.
17. 내가 내 마음속으로 말했다.
"의인과 악인을 하나님이 심판하시니,
참으로 모든 일과 모든 행위에 때가 있다."
18. 내가 내 마음속으로 말했다.
"사람들에 대하여 하나님이 그들을 골라내셔서
그들이 자기가 짐승과 같음을 보게 하신다.
19. 참으로 사람들에게 일어나는 일이나
짐승에게 일어나는 일이나 모두 동일하다.
이쪽이 죽는 것처럼 저쪽도 죽으니
하나의 영이 모두에게 있기 때문이다.
사람이 짐승보다 나은 것이 없으니
참으로 그 모든 것이 덧없다.
20. 모두가 한 장소로 걸어가니

모두가 그 먼지로부터 생겼고
모두가 그 먼지로 돌아간다.
21. 사람의 영은 위로 올라가고
짐승의 영은 땅 아래로 내려가는 줄을 누가 알겠는가?
22. 그러므로 나는 사람이 자기 일에 즐거워하는 것보다
더 나은 것이 없음을 보았다.
참으로 이것이 그의 몫이다.
참으로 그의 뒤에 일어날 일이
무엇인지를 보여주려고
누가 그를 데려가겠는가?

4장

1. 내가 돌이켜 해 아래에서 행하는
모든 압제들을 살펴 보았다.
보라! 압제받는 자들이 눈물을 흘려도
그들에게 위로자가 없구나.
그들을 압제하는 자들의 손에는 힘이 있으나
그들에게는 위로자가 없다.
2. 그러므로 나는 아직 살아 있는 산 자들보다
이미 죽은 그 죽은 자들을 더 낫다고 했다.
3. 이 둘보다도 아직 출생하지 아니하여
해 아래에서 행하는 악한 일을
보지 못한 자가 더 낫다고 하였다.

〈해석〉

코헬렛의 눈에는 재판정에도 불의가 판을 치고 있는 것이 보였

다. 그러면서도 하나님께서 악인을 심판하신다는 사실을 마음속에 되새기면서 자신을 추슬러 본다. 그러나 그 마음은 왠지 시원하지가 않다.

또한 인간과 짐승을 비교하면서 다른 점이 무엇이냐고 반문한다. 똑 같이 흙의 먼지로 지음을 받았고 똑 같이 '영'을 가진 존재라는 것이다. 많은 사람들이 생각하기를 인간의 영은 위로 올라가고 짐승의 영은 아래로 내려간다고 하는데 누가 그 진실을 알 수 있겠는가 라면서 반문한다.

이러한 말 가운데 주목할 점은 인간과 동물의 유사성인데 인간에게나 짐승에게 '하나의 영'(19절)이 있다고 하는 말이다. 노아의 홍수 후 하나님이 짐승을 비롯한 자연과 더불어 계약을 맺으시는 모습을 보면서 하나님이 짐승을 인간 대하듯 하시는 구나라고 말할 수 있다. 그런데 '하나의 영'이라니? 인간의 영혼이나 짐승의 영혼이 동일하다는 말이다. 이 말은 충격적이다.

약간 다르게 해석해 본다면 사람에게나 짐승에게 동일하게 하나님의 영이 함께 하신다고 말할 수 있다. 좀 더 확대한다면 세상 만물에 하나님의 영이 함께 하신다고 말할 수 있을 것이다. 자연 만물을 하나님께서 만드셨으니 하나님의 것이 그 안에 들어있을 수 있다고 말할 수 있는 것이다.

사실 코헬렛은 위와 같은 설명에 주목을 하기보다 사람이 짐승이나 다를 바 없이 동일하게 죽는다는 시간의 한계에 더 주목하고 있었다. 그래서 권유하는 것은 22절에서 말하는 바와 같이 이 세상에서 자기가 하는 일에 즐거워할 수 있다면 그 보다 더 행복한 일이 없다는 것이다. 장래에 무엇이 일어날지 어떻게 될지 인간은 알 수가 없는데 현재 일하고 있는 자신의 모습은 틀림없는 자신의 몫이라는 사실을 일깨워주는 것이다.

현대는 갈수록 일터가 줄어지면서 많은 사람들이 직장을 찾아 헤매고 있다. 그래서 좋아하는 일을 하기 보다 직장을 얻을 수만 있다면 무슨 일이든지 해야 하는 경우가 많다. 이렇게 어려운 상황임에도 불구하고 반드시 염두에 두어야 하는 것은 자기가 하는 일에 즐거워하는 것보다 더 행복한 일이 없다는 사실이다. 따라서 열심히 준비해서 좋아하는 일을 할 수 있도록 노력해야 하겠고, 만약 좋아하지 않은 직장에 취직을 한다 해도 그 일을 즐거워하면서 할 수 있는 방안이 무엇인지 살펴서 즐겁게 일할 수 있는 길을 발굴해 내는 현명한 노력이 있어야 할 것이다. 그래야 내가 행복해 지고 내가 사랑하는 사람들도 행복해지며 일의 능률도 올라가고 궁극적으로는 하나님도 기뻐하실 것이다.

또한 코헬렛의 눈에는 까닭없이 압제당하고 학대받는 사람들이 있으나 그들에게는 힘도 없고 위로해 주는 사람들이 없는 장면이 보였다. 이 장면을 보면서 이럴 바에는 사는 것보다 차라리 죽은 것이 더 나아보이고, 오히려 이 땅에 태어나지 않는 편이 행복해 보인다고 소리친다. 이러한 말을 들을 때는 이 말이 탄식이고 함께 울어주며 함께 소리쳐 주는 말로 들어야지 액면 그대로 들어서는 안될 것이다. 액면 그대로 들으면 생명 자체에 대한 실망과 거부의 메시지로 들리기 때문이다. 코헬렛은 결코 비관론자나 염세주의자가 아니다. 억울하며 고통스러운 현실에 공감을 표시하면서 함께 울어주는 행동인 것이다. 욥(욥3:1-20)이나 예레미야(렘20:14-18)도 극심한 고통 속에서 이와 비슷한 탄식을 하고 비명을 지르며 소리친 적이 있었다.

4:4-16 열심히 일하는 것은 좋은 것인가?

4. 또 내가 보니 사람의

모든 수고와 모든 행위의 성공이
서로의 질투 때문에 생기는 것이다.
이것 또한 덧없고 바람을 잡는 것이다.
5. 어리석은 자는 손을 포개고
자신의 살을 먹는다.
6. 한 손바닥을 채우고 평온한 것이
두 손을 채우려고 수고하며 바람을 잡는 것보다 낫다.
7. 내가 돌이켜 해 아래에서 덧없는 것을 보았다.
8. 어떤 사람은 아들도 없고 형제도 없이 홀로 있다.
그런데 그의 모든 수고에는 끝이 없고
그의 눈은 부요를 족하게 여기지 아니한다.
그러면서 말하기를 내가 누구를 위하여 이같이 수고하고
나를 위하여는 행복을 누리지 못하게 하는가 하는데
이것도 덧없고 악한 일이다.
9. 두 사람이 한 사람보다 나음은
그들이 수고함으로 좋은 삯이 있기 때문이다.
10. 왜냐하면 그들이 넘어지면
하나가 그 동무를 붙들어 일으킨다.
그러나 홀로 있어 넘어지면 일으킬 자가 없다.
11. 또 두 사람이 함께 누우면 따뜻하거니와
한 사람이면 어찌 따뜻하겠는가?
12. 한 사람이면 패하지만
두 사람이면 맞설 수 있다.
세 겹 줄은 쉽게 끊어지지 않는다.
13. 가난하여도 지혜로운 젊은이가
늙고 어리석으며

더 이상 조심할 줄 모르는 왕보다 낫다.
14. 참으로 그는 자기 나라에서 가난하게 태어났는데
감옥에서 나와 왕이 되었다.
15. 내가 보니
해 아래에서 걸어 다니는 모든 산 자들이
왕의 다음 자리에 있다가
왕을 대신하여 일어난 젊은이와 함께 있고
16. 왕의 앞에 있었던 모든 백성이 무수하였지만
후에 오는 자들이 왕을 기뻐하지 않으니
이것 또한 덧없고 바람을 잡는 것이다.

〈해석〉

코헬렛이 살았던 시대는 왕이 통치하던 왕정시대였고 계급의 차이, 신분의 차이, 힘의 차이가 있었던 시대였다. 오늘날 우리가 살아가는 시대는 자본주의 시대이고 무한 경쟁의 시대이고 민주주의의 시대지만 옛날이나 지금이나 경쟁하면서 살아가는 모습은 비슷하다. 그런데 코헬렛은 그 경쟁을 질투 때문에 생긴 것이라 보았으며 그 역시 덧없고 바람을 잡는 것이라 탄식하였다. 오늘날 우리의 수고도 덧없고 바람을 잡는 것은 아닌지?

코헬렛이 질문하고자 하는 요지는 "열심히 일하는 것은 좋은 것인가?"라는 질문이다. 어느 시대나 성실하고 열심히 노력하는 것을 나쁘다고 평가하는 시대는 없다. 그러나 정말 그 수고가 우리 인생의 전부인가? 부자가 되려고, 그리고 더 많은 것을 가지려고 일평생 달려가기만 하는 인생이 과연 가장 복있다고 말할 수 있느냐고 질문한다. 중요한 것은 복을 누리는 것인데 누리지도 못하고 모으기만 한다면 그것은 너무나고 어리석고 허무한 일이라는 말을 하고 싶은 것이다.

또한 권력을 추구하는 왕의 경우를 들었다. 세상의 모든 것을 차지하고 있던 왕도 언젠가는 왕위를 넘겨주어야 하며, 때로는 쿠데타를 당해서 왕위를 빼앗기고 죽음을 당하기도 한다. 이러한 일들은 역사를 통해서 보면 자주 일어나는 일인데 이 또한 "덧없고 바람을 잡는 것"이라 탄식한다.

그러면 무엇이 인생에게 좋은 것인가? 유일하게 긍정적으로 보는 것이 있는데 그것은 혼자 사는 것이 아니라 어울려 살면서 서로 위로를 하고 의지가 되어 주는 삶이라고 하였다. 한 사람의 힘으로는 당해내기 힘든 일이라도 두 사람이면 대항할 수도 있고, 때로는 많은 사람들이 힘을 합치면 결코 물러서지 않는 큰 힘을 발휘할 수 있다고 주장한다. 서로가 위로받은 수 있고 힘을 얻을 수 있는 길은 혼자 사는 것이 아니라 공동체가 되어 함께 더불어 사는 것이라는 점을 누누이 강조하고 있다.

5:1–9 하나님을 경외하라

1. 너는 하나님의 집으로 들어갈 때에
네 발을 조심하라.
말씀을 들으러 가까이 가는 것이
어리석은 자들이 제물 드리는 것보다 나으니
이는 그들이 악을 행하면서도
깨닫지 못하기 때문이다.[37]

2. 너는 하나님 앞에서 네 입을 급히 열지 말며

37_ 5장 1절은 히브리어 성경으로는 4장 17절이다. 따라서 히브리어 성경은 5장이 19절이지만 한글성경은 5장이 20절로 되어 있다.

급한 마음으로 말을 하지 말라.
참으로 하나님은 하늘에 계시고
너는 땅에 있으니 네 말을 적게 해야 한다.
3. 걱정이 많으면 꿈이 많아지고
말이 많으면 어리석은 소리가 나온다.
4. 네가 하나님께 서원하였거든
지체하지 말고 그것을 갚아라.
하나님은 어리석은 자들을 기뻐하지 아니하시니
네가 서원한 것을 갚으라.
5. 서원하고 갚지 아니하는 것보다
서원하지 않는 것이 더 낫다.
6. 네 입으로 네 몸을 죄짓게 하지 말라.
천사 앞에서 내가 서원한 것이 실수라고 말하지 말라.
어찌 하나님께서 네 목소리로 말미암아
진노하셔서 네 손으로 한 것을 파멸하시게 하려느냐?
7. 꿈이 많으면 덧없는 일들이 많아지고
말이 많아도 그러하다.
오직 너는 하나님을 경외하라.
8. 너는 어느 지방에서 빈민을 학대하는 것과
정의와 공의를 짓밟는 것을 볼지라도 그
일 때문에 놀라지 말라.
참으로 높은 자 위에 더 높은 자가 지키고 있으니
그들위에 더 높은 자들도 있다.
9. 땅의 소산물은 모든 사람을 위하여 있으나
경작된 밭을 위해서는 왕이 있다.

〈해석〉

지혜서 가운데서도 5장은 특별하다. 왜냐하면 지혜서는 제사에 대해 별로 관심을 보이지 않는데 5장에서는 성전에 대해서 그리고 제사와 서원에 대해서 이야기 하고 있기 때문이다.

하나님을 경외하라는 주제에 첫 번째 등장하는 것이 하나님이 계시는 성전에 들어갈 때 두려운 마음으로 조심조심 가라는 말부터 시작한다. 그리고 제사 중심의 신앙생활이 지속되고 있었던 시대에 제사보다는 말씀 중심의 신앙생활을 해야 한다는 점을 강조하였다.

그 다음 강조한 것은 하나님과의 약속인 서원에 대해서 이야기하는데 한 번 약속한 것을 반드시 지키라는 것이다. 만일 지키기 힘든 서원이라면 차라리 하지 않는 것이 낫다고 권한다. 그런데 제사장 앞에서 서원한 것을 보면 혼자 하는 서원이 아니라 성전에 가서 제사장 앞에서 서원한 것임을 알 수 있다. 이러한 서원은 반드시 지키라는 것이다.

마지막에 왕의 통치에 대해서 이야기한다. 세상에는 가난하고 약한 사람을 억압하고 억울하게 하는 일들이 일어날 수 있지만 왕이 정의롭게 통치할 때 이러한 일들을 바로잡을 수 있음을 강조하고 있다. 그리고 마음놓고 농사를 지을 수 있는 것도 왕의 외부의 침략자를 물리친다거나 행정을 올바르게 한다면 가능하다고 이야기 하고 있다. 왕정에 대해서 긍정적으로 보는 것이다. 이러한 이야기를 하는 것은 국가에 세금을 납부하는 것이라든가 부역을 하는 것이 필요하다는 점을 은연중 밝히는 말이라 할 수 있다.

5:10–6:9 재물과 장수(건강)는 행복을 보장하는가?

10. 돈을 사랑하는 자는 돈으로 만족하지 못하고

풍요를 사랑하는 자는 소득으로 만족하지 못하니
이것도 덧없다.
11. 재산이 많아지면 먹는 자들도 많아지니
그 소유주들은 눈으로 보는 것 외에
무엇이 유익한가?
12. 노동자는 적게 먹든 많이 먹든 잠을 달게 잔다.
그러나 부자의 배부름은
그를 자도록 내버려두지 않는다.
13. 해 아래에서 심한 악이 되는 일이 있는 것을
내가 보았다.
곧 소유주가 지킨 재물이
그에게 악이 된다는 것이다.
14. 부자가 재난을 당해 망하니
비록 아들은 낳았으나
그의 손에는 아무것도 없다.
15. 그가 어머니의 배에서 벌거벗고 나온 것처럼
그가 나온 대로 돌아가고
수고하여 얻은 것을 아무것도
자기 손에 들고 가지 못한다.
16. 그가 온 대로 가니 이것도 큰 불행이다.
바람을 위한 수고가 그에게 무엇이 유익한가?
17. 그는 모든 날 동안 어두운 데에서 먹으며
많은 근심과 질병과 분노에 시달린다.
18. 보라! 사람이 먹고 마시며
해 아래에서 하는 모든 수고 중에서 낙을 보는 것이
선하고 아름다움을 내가 보았다.

그것이 하나님께서 그에게 주신 일평생에 그의 몫이다.

19. 또한 어떤 사람에게든지
하나님께서 재물과 부요를 그에게 주셔서
능히 누리게 하시며
그의 몫을 받아 수고함으로 즐거워하게 하신 것은
하나님의 선물이다.

20. 참으로 그는 그가 살 수 있는 날이
많지 않다는 것을 기억한다.
왜냐하면 하나님께서
그의 기쁜 마음을 괴롭게 하시기 때문이다.

6장

1. 내가 해 아래에서
한 가지 불행한 일이 있는 것을 보았는데
이것은 그 사람에게 큰일이다.

2. 하나님께서 어떤 사람에게 재물과 부요와 존귀를 주셔서 그가 바라는 모든 소원에 부족함이 없게 하셨으나, 하나님께서 그가 그것을 먹도록 허락하지 아니하시고 이방인이 그것을 먹도록 하시니 이것도 덧없고 악한 병이다.

3. 어떤 사람이 비록 백 명의 자녀를 낳고
또 장수하여 사는 날이 많을지라도
그의 영혼이 그 좋은 것으로 만족하지 못하고
또 무덤도 그에게 없다면
내가 말하는데 낙태된 자가 그보다는 낫다.

4. 낙태된 자는 덧없이 왔다가 어둠속으로 사라지고
그의 이름이 어둠속에 덮이며

5. 햇빛도 보지 못하고 또 그것을 알지도 못하나
그 사람보다는 더 평안하다.
6. 그가 비록 천 년의 갑절을 산다 할지라도
그가 좋은 것을 보지 못하면
결국 다 한 곳으로 가는 것이 아니냐?
7. 사람의 모든 수고는 다 자기의 입을 위한 것이나
그 목구멍은 채워지지 않는다.
8. 참으로 지혜자가
어리석은 자보다 나은 것이 무엇이냐?
가난한 자가 살아 있는 자들 앞에서
행할 줄을 안다고 해서 무슨 소용이 있는가?
9. 눈으로 보는 것이 마음으로 공상하는 것보다 나으나
이것도 덧없이 바람을 잡는 것이다.

〈해석〉

재물이 많아 부자가 되고 장수하는 것은 누구나 공감하는 '복'이라 할 수 있다. 그런데 코헬렛은 이러한 상식에 대해 날카롭게 비판을 하고 있다. 과연 부자가 행복한가라는 질문을 던지면서 많이 소유한 사람이 달게 잠도 못자고 고민하고 불안해 한다는 역설적인 현실을 드러내 보여준다. 재물이 많아지면 근심도 증가한다는 점을 부각시키면서 누리지 못하는 재물이란 눈요기에 불과할 수 있다는 점을 지적한다. 또한 모든 노력을 기울여 열심히 재물을 모았지만 누리지 못하고 다른 사람에게 넘겨줄 수밖에 없는 상황도 있다는 점을 이야기 하면서 이것도 덧없는 일이고 꼬집는다. 재물이 있다고 해서 행복을 보장받는 것이 아님을 보여준 것이다.

그러면 무엇이 복인가? 재물을 모으더라도 그것을 누릴 수 있다

면 그 사람이 복 있는 사람이라는 것이다. 그리고 수고한 것을 가지고 먹고 마시며 즐거워하는 것이야말로 인생이 누릴 수 있는 몫이니 그것을 가볍게 여기지 말라고 충고한다. 즉 소유물보다 더 중요한 것이 시간이라는 것이요 시간이야말로 생명이라 주장하고 있는 것이다.

또한 장수는 복이라는 생각에도 다시 생각해 보라고 권한다. 오래 사는 것보다 더 중요한 것은 즐거움을 누리는 것이라 하면서 즐거움을 누리지 못하는 시간이 무슨 소용이 있겠는가 하면서 반문한다. 차라리 낙태한 인생이 더 행복할 수 있다고 이야기 한다. 시간의 길이보다 시간의 질을 살펴보라고 권하는 것이다.

코헬렛은 가난을 찬양하지 않는다. 다만 수고하여 윤택하게 살려고 노력해야 하지만 사람의 욕심이 끝이 없다는 점을 지적하였다. 따라서 욕망에 사로잡혀 허우적거리며 삶을 살아가는 것보다 지금 가지고 있는 것으로 만족할 줄 아는 것이야말로 가장 중요한 지혜라 말하고 있다.

Ⅲ. 전도자의 결론 6:10–11:6

6:10–7:14 무엇이 인간에게 좋은가?

10. 이미 있는 것은 무엇이든지
오래 전부터 그의 이름이 이미 불리었으며
사람이 무엇인지도 이미 알려진 것이다.
사람은 자기보다 강한 자를 심판할 수 없다.

11. 참으로 일들이 많이 있을수록 더 덧없게 되니
일들이 사람에게 무슨 유익이 있겠는가?
12. 참으로 덧없는 삶의 모든 날을
일평생 그림자 같이 보내는 사람에게
무엇이 좋은지를 누가 아느냐?
해 아래에서 그의 미래에
무슨 일이 있을 지를
누가 그에게 말해 줄 수 있겠는가?

7장

1. 명예가 좋은 기름보다 낫고
죽는 날이 출생하는 날보다 낫다.
2. 초상집에 가는 것이 잔칫집에 가는 것보다 낫다.
그것은 모든 사람의 끝이기 때문이다.
산 자는 그의 마음에 명심해야 한다.
3. 슬픔이 웃음보다 나은 것은
얼굴에 근심하는 것이 마음에 유익하기 때문이다.
4. 지혜자의 마음은 초상집에 있으나
어리석은 자의 마음은 잔칫집에 있다.
5. 지혜로운 사람의 책망을 듣는 것이
어리석은 자들의 노래를 듣는 것보다 낫다.
6. 어리석은 자들의 웃음 소리는
솥 밑에서 가시나무가 타는 소리 같으니
이것도 덧없다.
7. 참으로 압제하는 것은 지혜자를 어리석게 만들고
뇌물은 사람의 마음을 망쳐놓는다.

8. 일의 마지막이 그 시작보다 낫고
참는 영이 교만한 영보다 낫다.
9. 급한 마음으로 화를 내지 말라
화란 어리석은 자들의 품에 머무는 것이다.
10. 옛날이 지금보다 나은 것이
어떻게 된 것이냐 하지 말라.
이렇게 묻는 것은 지혜로운 것이 아니다.
11. 지혜는 유산 같이 좋으며
햇빛을 보는 자에게 유익이 된다.[38]
12. 지혜의 그늘 아래에 있는 것이
돈의 그늘 아래에 있는 것과 같으나,
지혜가 더 유익한 것은 지혜가
그 지혜 있는 자를 살리기 때문이다.
13. 하나님께서 하시는 일을 보라.
참으로 하나님께서 굽게 하신 것을
누가 능히 펼 수 있겠느냐?
14. 좋은 날에는 기뻐하고 어려운 날에는 생각하라.
하나님은 이것도 저것도 만드신다.
따라서 사람은 그의 장래 일을 능히 헤아리지 못한다.

〈해석〉

1-6장의 결론 부분은 6장 10-12절 부분이다. 동시에 이 부분은 7장 이하를 이끌어 가는 부분으로서 전환점의 역할을 한다고 볼 수 있다. 인생의 한계를 지적하는데 우선 모두가 영원히 살 수는 없고

38_ '햇빛을 보는 자'란 살아있는 사람을 가리킨다.

언젠가는 죽는다는 시간의 한계를 지적하고 있다. 그리고 많은 일들이 있다고 해서 모두 좋은 것은 아니라고 지적한다.

인생이 무엇인지도 이미 알려져 있다고 하면서 강자가 약자를 이긴다는 단순한 이치가 있다고 지적한다. 이렇게 모든 것이 알려져 있다고는 하지만 여전히 사람이 알 수 없는 부분이 있는데 그것은 한계가 있는 인생에게 있어서 무엇이 유익한 것인지를 아직도 정확하게 알 수 없다고 한다. 따라서 인생에게 유익한 것이 무엇인지에 대해서는 7장 이후에도 계속해서 이야기 할 것이다.

7장은 "…보다 낫다"라는 구절을 반복해서 사용하면서 무엇이 인생에게 유익한 지를 밝히고 있다. 상식적인 생각에는 잔칫집이 초상집보다 유쾌하고 즐겁다고 생각할 수 있지만 지혜로운 사람은 초상집을 선호한다는 것이다. 이처럼 상식에 메스를 가하는 형식으로 무엇이 유익한지를 이야기 하고 있다.

7장 1절에서 "명예가 좋은 기름보다 낫고, 죽는 날이 출생하는 날보다 낫다."라고 이야기하는 것은 죽음이 좋다는 것을 이야기 하려는 것이 아니다. 죽음이 있다는 사실을 염두에 두면서 살아가는 인생이 되어야 한다는 것이고 죽을 때까지 인생을 어떻게 살아가야 하는가는 진지하게 생각해 보라고 권유하는 것이다. 그래서 재물보다 명예가 더 소중하다는 점을 지적한 것이다. 호랑이는 죽어서 가죽을 남기고 사람은 죽어서 명예를 남긴다는 말과 같이 사람이 죽었을 때 비로소 그 사람에 대한 평가를 시작할 수 있다는 것이다.

또한 코헬렛은 탐욕과 뇌물과 분노를 경계하라고 권한다. 끝없는 욕심에 사로잡힌 인생은 병든 인생이요 어리석은 인생이라는 것이다. 그리고 급하게 화를 내는 것도 어리석은 행동임을 지적한다.

과거를 회상하면서 현재의 삶에 대해 불만을 표시하는 것도 어리석은 행동이라 지적한다. 과거는 이미 지나간 것이다. 한탄하거나 후회해도 소용없는 것임을 알아야 한다. 또한 미래의 시간도 사람은 알 수가 없다. 좋은 일이 있으면 나쁜 일도 생기는 법이니 좋을 때는 기쁘게 살아가고 나쁜 일이 닥치면 깊이 생각하면서 살아가는 것이지 한탄하고 원망하며 불안해 하면서 살아가지 말라고 충고하는 것이다. 어차피 사람이 모든 것을 알지 못하기에 주어진 현재라는 시간을 누리는 것이며 중요한 것은 현재의 삶이라고 강조한다.

그리고 재물보다 지혜를 추구하라고 권유한다. 지혜는 사람을 보호하기도 하지만 목숨을 살려주는 역할도 한다는 점에서 재물과 차이가 있다고 지적한다. 재물이 많으면 목숨이 위태로울 수도 있지만 지혜는 이러한 염려를 하지 않아도 되고 오히려 생명을 풍성하게 만들 수 있다는 것이다.

7:15-24 지나치게 의인이 되지 말자.

15. 나의 덧없는 날을 사는 동안
내가 그 모든 일을 살펴 보았더니
자기의 의로움 때문에 망하는 의인이 있고
자기의 악행으로 오래 사는 악인이 있다.
16. 지나치게 의인이 되지도 말며
지나치게 지혜자도 되지 말라
왜 네가 스스로를 망치려느냐?
17. 지나치게 악인이 되지도 말며
지나치게 어리석지도 말라.
어찌하여 네 때가 아닌데 네가 죽으려고 하느냐?
18. 너는 이것도 잡으며 저것에서도

네 손을 놓지 아니하는 것이 좋다.
참으로 하나님을 경외하는 자는
이 모든 일에서 벗어날 것이다.
19. 지혜가 지혜자를 강하게 하는데
성읍 가운데에 있는 열 명의 권력자들보다
더 강하게 한다.
20. 참으로 선을 행하고 전혀 죄를 범하지 아니하는 의인은
이 세상에 아무도 없다.
21. 또한 사람들이 하는 모든 말에 네 마음을 두지 말라.
그리하면 네 종이 너를 저주하는 것을
듣지 않을 것이다.
22. 참으로 너도 사람을 저주하였다는 것을
네 마음도 알고 있다.
23. 내가 이 모든 것을 지혜로 시험해 보았다.
스스로 말하기를
내가 지혜자가 되리라 하였으나
지혜가 나를 멀리 하였다.
24. 이미 있었던 것은 멀고 또 깊고 깊다.
누가 그것을 발견할 수 있겠는가?

〈해석〉

성경은 끝없이 의로운 사람이 되라고 가르친다. 그런데 코헬렛은 지나치게 의인이 되지도 말며 지나치게 지혜자도 되지 말고 지나치게 어리석게 되지도 말라고 권한다. 그러한 지나침은 인생에 도움이 되지 않는다고 경고한다.

이것이 무슨 말인가? 모난 돌이 정 맞는다는 말과 같이 튀지 말

고 중간 정도만 하면서 안전하게 살아라는 처세술을 가르치는 것인가? 실제로 세상을 들여다보면 의인이 모두 잘 사는 것이 아니라 오히려 악인이 장수하고 안락하게 사는 경우도 있음을 알 수 있다. 그래서 적당하게 살아라는 처세술을 가르치는 것인가?

지나치게 의인이 되지 말라고 충고하는 것은 의로움이라는 것도 인간에게 절대적인 안정을 보장해 주지 못한다는 것을 지적한 것이다. 동시에 인간의 거인주의(巨人主義)를 경계하는 말이다. 아무리 인간이 지혜를 추구한다 해도 절대적인 지혜를 차지할 수는 없다는 한계도 지적한다. 결국 인간이 신이 될 수는 없다는 것이다. 인간의 절대화를 경계하는 것이고 인간이 모든 것을 할 수 있다는 자만에 대해서 경고하는 것이다. 한계를 인식한다면 인간은 하나님을 경외하는 것이 마땅하다는 말을 간접적으로 표현한 것이라 볼 수 있다.

7:25-29 인간이 한 일이 무엇이냐?

25. 내가 돌이켜 전심으로 지혜와 명철을 살피고 연구하여
악한 것이 얼마나 어리석은 짓이요
어리석은 것이 얼마나 미친 것인 줄을 알고자 하였다.
26. 나는 또 마음은 올무와 그물 같고
손은 포승 같은 여인이 사망보다 더 쓰다는
사실을 내가 알아내었다.
그러므로 하나님을 기쁘게 하는 자는
그 여인을 피하려니와 죄인은 그 여인에게 잡힐 것이다.
27. 코헬렛이 말했다.
"보라 내가 낱낱이 살펴 그 이치를 연구하여

이것을 깨달았다.

28. 내 마음이 계속 찾아보았으나
발견하지 못했다.
천사람 가운데서 한 남자를 내가 발견했으나
이 모든 사람들 중에서
여자는 한 사람도 내가 발견하지 못했다.

29. 단 한 가지, 보라.
내가 깨달은 것은 이것이다.
하나님은 사람을 바르게 지으셨으나
사람이 복잡하게 만들어 버렸다는 것이다.

〈해석〉

이 부분은 무척 해석하기 힘들다. 언뜻 보기에는 '악녀'를 강조하면서 여성 차별적인 견해를 보여주는 것같기도 하지만 결론 부분에 가보면 남자나 여자나 모두가 잘못하고 있다는 것으로 끝맺고 있는 것을 볼 수 있다. 따라서 남존여비 사상에 물들어 있었던 고대 사회이기에 굳이 여자를 비하한다고 해석할 필요는 없다. 오히려 악하고 어리석은 것이 미친 짓이라는 점을 강조할 필요가 있다.

28절은 정말 아리송하다. 발처(K. Baltzer)는 '천'이라는 용어를 군대 용어로 보고 군대에서 남자는 발견할 수 있지만 여자를 발견하지 못했다는 말로 해석하였다.[39] 히브리어 '엘레프'는 한 천막 안에 숙식할 수 있는 군인들의 숫자를 가리킬 때도 있다. 따라서 한 텐트 안에 있는 군인들 가운데 남자는 발견할 수 있지만 여자는 발견할 수 없다고 하는 것이다. 군대는 남자들의 업무이고 전쟁도 남

39_ K. Baltzer, "Women and War in Qohelet 7,23-8,1a," *HTR* 80 (1987), 127-132.

자들이 하는 것이라는 점을 부각시켰다는 것이다. 여자보다 낫다는 남자도 결국 전쟁이라는 것을 통해 죽음으로 달음질 치고 있을 뿐이라는 것이다. 죽음이라는 인간의 한계를 이야기 하다가 28절에 와서는 전쟁으로 인한 죽음이라는 것으로 화제를 바꾼 것이다.

29절에서 결론을 이야기 하는데, 인간에게는 선택의 자유가 있지만 선보다 악을 택한 경우가 많기에 하나님이 창조하신 이 세계를 엉망으로 만들어 버렸다고 책망하고 있는 것이다. 결국 세상에서 일어나는 나쁜 것들은 하나님의 잘못이 아니고 인간의 잘못임을 지적한 것이다.

8:1-17 정의가 무너진 세상에서

1. 누가 지혜자와 같으며 누가 사물의 이치를 아느냐?
사람의 지혜는 그의 얼굴을 빛나게 하며
그의 굳은 얼굴을 변하게 한다.
2. 내가 말하는데, 왕의 명령을 지키라.
왜냐하면 이미 네가 하나님을 가리켜
맹세했기 때문이다.
3. 왕 앞에서 물러가기를 급하게 하지 말며
악한 것을 일삼지 말라.
왜냐하면 왕은 자기가 하고자 하는 것을
다 행하기 때문이다.
4. 왕의 말은 권능이 있는데 누가 그에게 이르기를
"왕께서 무엇을 하십니까?"하고 말하겠느냐?
5. 명령을 지키는 자는 안전하다.
지혜자의 마음은 때와 판단을 분변한다.

6. 무슨 일에든지 때와 판단이 있으므로
사람에게 임하는 화가 심하다.
7. 참으로 사람이 장래 일을 알지 못하니
장래 일을 말해 줄 수 있는 사람이 누구인가?
8. 아무도 바람을 가두어서 바람을 통치할 사람이 없다.
아무도 죽는 날을 통치할 권력이 없다.
아무도 전쟁에서 벗어날 사람이 없다.
악이 행악자들을 놓아 주지 않는다.
9. 내가 이 모든 것들을 보고
해 아래에서 행하는 모든 일을
마음에 두고 살펴보니
사람이 사람을 통치하여 해롭게 하는 때가 있다.
10. 그런데 악인들이 묻히는 것을 내가 보았다.
그들이 거룩한 곳을 드나들었으나
그들이 그렇게 행했던 것이
성읍 안에서 잊어버린 바 되었으니
이것도 덧없다.
11. 악한 일에 관한 징벌이 속히 실행되지 아니하기에
인생들이 악을 행하려는 마음으로 가득 찼다.
12. 죄인은 백 번이나 악을 행하고도 오래 산다.
참으로 내가 아는 것은 하나님 앞에서 경외하는,
하나님을 경외하는 자들은 잘 될 것이라는 것이다.
13. 악인은 잘 되지 못하며 장수하지 못하고
그 날이 그림자같이 길지 않을 것은
하나님을 경외하지 않기 때문이다.
14. 세상에서 벌어지는 덧없는 일이 있는데

곧 악인들의 행위에 따라 벌을 받는 의인들도 있고
의인들의 행위에 따라 상을 받는
악인들도 있다는 것이다.
이것 또한 덧없다고 나는 말한다.
15. 해 아래서 사람에게 더 없이 좋은 기쁨을
내가 칭찬했다. 그것은 사람이 먹고 마시고 즐거워하는
것보다 더 나은 것이 없다는 것이다.
하나님이 사람을 해 아래에서 살게 하신 날 동안
수고하는 일 중에 그러한 일이 그와 함께 있을 것이다.
16. 내가 마음을 다하여 지혜를 알고자 하며
세상에서 행해지는 일을 보았는데
밤낮으로 수고하고 자지 못하는 사람도 있다.
17. 또 내가 하나님의 모든 일을 살펴 보니
해 아래에서 행해지는 일을
사람이 능히 알아낼 수 없다.
사람이 아무리 애써 알아보려고 해도
능히 알지 못한다.
비록 지혜자가 아노라 할지라도 능히 알아내지 못한다.

〈해석〉

왕정이 시행되고 있고 왕이 최고의 권력자로서 호령하고 있는 상황에서 지혜 자는 왕에게 복종하고 그 명령을 따르는 것이 좋다고 권한다. 당시 엘리트 교육에 있어서 핵심이 충성이었으니 이렇게 권하는 것은 당연하다. 그러나 왕을 신의 위치로 격상시키지도 않았고 장래 일을 알 수 없는 인간으로서의 한계가 있다는 사실도 언급하였다.

코헬렛은 세상을 바라보면서 정의가 무너졌다고 탄식한다. 죄인이 오히려 장수하며 잘 살아가고 있다고 한다. 악인이 벌을 받기보다 의인이 악인 때문에 벌을 받고, 의인의 행위로 인해 악인이 상을 받는 어이없는 일이 벌어지고 있다고 한다.

그래서 사람들이 감히 악행을 저지를 생각을 하게 된다는 것이다. 세상에는 모를 일들이 너무도 많고, 지혜자라 하더라도 하나님이 하시는 일을 능히 깨달을 수 없다고 했다. 오직 인간에게 좋은 것은 수고하며 먹고 마시는 삶을 즐거워하는 것이라고 코헬렛은 다시 권면한다(8-17절).

9:1-12 사랑하는 아내와 함께 즐겁게 살아라.

1. 참으로 이 모든 것을 내가 마음에 두고
   이 모든 것을 살펴보니,
   의인들이나 지혜 자들이나 그들의 행위는
   모두 다 하나님의 손 안에 있다.
   사랑인지 미움인지 사람들이 알지 못하는 것은
   모두 그들의 미래의 일들이기 때문이다.
2. 모든 사람에게 일어나는 그 모든 것이 동일하다.
   의인과 악인, 선한 자와 깨끗한 자와
   깨끗하지 아니한 자
   제사를 드리는 자와 제사를 드리지 아니하는 자에게
   일어나는 일들이 모두 동일하다.
   선인과 죄인,
   맹세하는 자와 맹세하기를 무서워하는 자가 동일하다.
3. 모든 사람의 결국은 동일하다.

이것은 해 아래에서 행해지는 모든 일 중의 악한 것이다.
곧 사람의 마음에는 악이 가득하고
그들의 평생에 어리석은 마음을 품고 있다가
후에는 죽은 자들에게로 돌아가는 것이다.
4. 참으로 그 모든 살아있는 사람들과
함께 하는 사람에게는 희망이 있음은
살아있는 개가 죽은 사자보다 낫기 때문이다.
5. 살아있는 사람들은 죽을 줄을 알지만
죽은 자들은 아무것도 모른다.
그들에게는 삯이 더 이상 없으니
그들에 대한 기억이 잊혀 지기 때문이다.
6. 그들의 사랑과 미움과 질투도 없어진 지 오래이니
해 아래에서 행하는 모든 일 중에서
그들의 몫은 영원히 없다.
7. 너는 가서 기쁘게 네 음식물을 먹고
즐거운 마음으로 네 포도주를 마셔라.
왜냐하면 하나님께서 네가 하는 일들을
벌써 기쁘게 받으셨기 때문이다.
8. 언제나 네 의복을 희게 하며
네 머리에 기름이 부족하지 않게 하라.
9. 네 덧없는 모든 날들 곧 하나님께서
해 아래에서 네게 주신 모든 덧없는 날에
네가 사랑하는 아내와 함께 즐겁게 살아라.
그것이 네가 평생에 해 아래에서
수고한 삶과 네 수고의 몫이다.
10. 네 손이 일을 얻는 대로 네 힘을 다해 행하라.

왜냐하면 네가 장차 들어갈 스올에는
일도 없고 계획도 없고
지식도 없고 지혜도 없기 때문이다.

11. 또 내가 해 아래를 보니
빠른 경주자들이라고 승리하는 것이 아니며
용사들이라고 전쟁에 승리하는 것이 아니다.
지혜 자들이라고 음식물을 얻는 것도 아니며
깨달은 자들이라고 재물을 얻는 것도 아니며
지식인들이라고 은총을 입는 것이 아니다.
참으로 때와 기회는 그들 모두에게 일어난다.

12. 참으로 사람은 자기의 때도 알지 못한다.
물고기들이 재난의 그물에 걸리고
새들이 덫에 걸림 같이
인생들도 갑자기 그들에게 덮치는
재앙의 날에 덫에 걸려든다.

〈해석〉

"살아있는 개가 죽은 사자보다 낫다"라는 표현에서 알 수 있는 것처럼 삶이 얼마나 귀하고 중요한 것인지를 일깨워주고 있다. 코헬렛은 죽음을 인간의 손이 닿지 않으며 모든 가능성이 없어져 버리는 것으로 보았다.

이러한 전도서의 생각은 기독교의 부활신앙과 어떻게 조화를 이룰 수 있을까? 전도서는 부활신앙을 배격하는 것이 아니다. 부활이 우리 손에 쥐어져 있는 것이 아니라는 점을 강조한 것이다. 부활은 하나님 손에 있는 것이며 우리가 부활할지라도 우리는 창조주가 되는 것이 아니라 여전히 피조물이라는 사실을 염두에 두어야 한다. 전도서는 사람이란 시간의 제한을 받고 죽음을 피할 수 없는 피조물이라는 점을 직시하라고 깨우치고 있는 것이다.

또한 코헬렛은 주어진 삶의 기간 동안 즐거운 마음으로 먹고 마시며 사랑하는 아내와 함께 행복의 정원을 일구어 나가는 것이야말로 하나님께서 주신 몫이라고 주장한다. 특히 이러한 일상적인 행복을 추구하는 것을 "하나님께서 네가 하는 일들을 벌써 기쁘게 받으셨기 때문이다."라고 표현하면서 마치 제사(예배)를 받으시듯이 일상적인 우리의 삶을 기쁜 마음으로 바라보고 계신다는 사실을 강조하였다.

따라서 코헬렛은 금욕적인 삶이 경건한 삶이라 주장하지 않는다. 삼가고 절제하는 것은 유익한 면이 있지만 궁극적인 목표는 하나님 앞에서 즐겁고 행복하게 살아가는 것이라 하였다.

9:13-10:1 어리석음이 지혜를 몰아내는 현실에서

13. 이것 또한 내가 해 아래에서 본 지혜인데
내가 크게 여긴 것이다.
14. 곧 작고 인구가 많지 아니한 어떤 성읍에
큰 왕이 와서 그것을 에워싸고 큰 공성퇴를 지었다.
15. 그 때 그 성읍에 가난한 지혜 자가 있어서
그의 지혜로 그 성읍을 건졌다.
그러나 그 가난한 자를 기억하는 사람이 없었다.
16. 그래서 내가 말했다. "지혜가 힘보다 낫다.
그러나 가난한 자의 지혜는 멸시를 받고
그의 말을 들을 사람들이 듣지 않는다.
17. 조용히 들리는 지혜 자들의 말들이

어리석은 자들을 다스리는 통치자의 호령보다
더 들려야 한다.
18. 지혜가 무기보다 나으나
죄인 한 사람이 많은 선을 무너지게 한다.

10장

1. 죽은 파리들이 향수 상인의 기름을
악취가 나게 만드는 것 같이
하찮은 어리석음이 지혜와 영광보다 귀하게 여겨진다.

〈해석〉

분명히 지혜가 어리석음보다 낫다. 그리고 실제 어려운 일을 당할 때 지혜는 큰 힘을 발휘하는데 심지어 군사력으로도 구할 수 없는 성읍을 가난한 지혜자가 그 지혜로 구한 경우도 있었다.

그런데 안타까운 것은 지혜자가 가난하고 힘이 없었기에 쉽게 잊혀져버렸다는 사실이다. 이처럼 현실에서는 지혜자가 인정받지 못하고 묻혀버리는 일이 일어나고 있다. 지혜보다 어리석음이 판을 치는 현실이 있을 수 있음을 코헬렛은 솔직히 시인하는 대목이다. 현실을 있는 그대로 날카롭고 정직하게 관찰하는 코헬렛의 안목이 나타나는 대목이다.

10:2–11:6 불확실한 미래 앞에서

2. 지혜자의 마음은 그의 오른편에 있고
어리석은 자의 마음은 그의 왼편에 있다.[40]

40_ 오른편이란 올바른 방향을 가리키고, 왼편은 그릇된 방향을 의미한다.

3. 어리석은 사람은 길을 갈 때에도 지혜가 부족하여
그가 어리석다는 것을 그 모두에게 말한다.
4. 통치자가 네게 화를 내어도
너는 네 자리를 떠나지 말라
침착하면 큰 허물을 진정시킬 수 있다.
5. 내가 해 아래에서 한 가지 악을 보았는데
곧 통치자에게서 나오는 허물이다.
6. 어리석은 자가 크게 높은 지위들을 얻고
부자들이 낮은 지위에 앉는 것이다.
7. 또 내가 보았는데,
종들은 말을 타고 고관들은
종들처럼 땅에 걸어 다닌다.
8. 구덩이를 파는 자는 거기에 빠질 것이요
담을 허는 자는 뱀에게 물릴 것이다.
9. 돌들을 떠내는 자는 그 돌에 다칠 것이요
나무들을 쪼개는 자는
그 나무 때문에 위험해질 것이다.
10. 철 연장이 무디면 그가 날을 갈지 아니하였기 때문이니 힘이 더 든다.
그러므로 지혜는 적절하게 쓰는 것이 유익하다.
11. 만일 주문이 없었는데도 그 뱀이 물면
그 마술사에게는 아무 유익이 없다.
12. 지혜로운 자의 입의 말들은 은혜로우나
어리석은 자의 입술들은 자기를 삼킨다.
13. 그의 입의 말들의 시작은 어리석음이요
그의 입의 마지막은 악하고 미친 것이다.
14. 어리석은 자는 말을 많이 하거니와

사람은 무엇이 일어날지 모르니
나중에 일어날 일을 누가 그에게 전하겠는가?
15. 어리석은 자들의 수고는 자신을 피곤하게 할 뿐이다.
그들은 성읍에 들어갈 줄도 알지 못한다.
16. 아! 화가 있을 것이다.
왕은 어리고 대신들은 아침부터 잔치하는 나라여!
17. 복이 있구나.
네 왕은 귀족들의 아들이요
대신들은 취하지 아니하고
건강을 지키려고 정한 때에 먹는 나라여!
18. 심한 게으름으로 인해 들보가 내려앉고
손을 놓은즉 집이 샌다.
19. 잔치는 기쁨을 위하여 베푸는 것이요
포도주는 인생을 기쁘게 하며
돈은 만사를 해결한다.
20. 네 침상에서도 왕을 저주하지 말라.
네 침실에서라도 부자를 저주하지 말라.
공중의 새가 그 소리를 전하고
날개달린 것이 그 말을 전할 것이기 때문이다.

11장

1. 너는 네 떡을 물 위에 보내라.
왜냐하면 여러 날 후에
그것을 발견할 것이기 때문이다.
2. 일곱이나 여덟으로 몫을 나누어라.
왜냐하면 그 땅에 무슨 일이 일어날지

네가 알지 못하기 때문이다.

3. 만일 구름이 가득 채워지면
그 땅에 비를 쏟을 것이고
나무가 남으로 쓰러지거나 북으로 쓰러지면
그 나무가 쓰러진 곳에 그냥 있는 법이다.

4. 바람을 살펴보는 자는
씨 뿌리지 못할 것이요
구름만 바라보는 자는 추수하지 못할 것이다.

5. 바람의 길이 어떠한지
아이 밴 여자의 태에서 뼈가 어떻게 자라는지를
네가 알지 못함 같이
그 모든 일을 행하시는 하나님의 일을
네가 알지 못한다.

6. 너는 아침에 씨를 뿌리고 저녁에도 손을 거두지 말라.
왜냐하면 이것이 잘 될는지, 저것이 잘 될는지,
혹 둘이 다 잘 될는지 네가 알지 못하기 때문이다.

〈해석〉

코헬렛은 예리하게 현실을 바라본다. 어리석은 사람이 높은 자리를 차지하고, 열심히 노력하는 사람이 오히려 상처를 입으며, 시도 때도 없이 잔치에 취해 있는 고위관리들의 모습이 눈에 들어 온 것이다.

그럼에도 불구하고 지혜는 사람을 성공으로 이끌고 어리석은 자가 쉽게 망하는 것도 사실임을 이야기 하고 있다. 따라서 모든 일을 지혜롭게 분석하고 현명하게 처리하기를 권한다. 무엇보다 미래에 무슨 일이 일어날지 확실히 알 수 있는 사람은 아무도 없다는 사실을 다시 한 번 강조한다.

11:1-2절은 전통적으로 자선을 권장하는 전도자의 권유로 해석되어 왔다. 그런데 최근에는 해상무역에 대한 충고로 해석하려는 경향도 있다. 그러나 이 부분은 자선이나 해상무역에 관심이 있어서 나타난 부분이 아니다. 미래에 대한 불확실성을 강조하는 10:2-11:6 전체의 한 부분인 것이다.

불확실한 미래 앞에서 인간은 어떻게 살아가야 하나? 무엇보다 위험 부담을 안고 일을 추진하는 용기가 필요하다. 위험을 너무 주목한 나머지 아무런 일도 시작하지 않으면 나중에 거둘 것이 없다는 점을 지적한 것이다. 어차피 모든 것을 알 수는 없으니 모험할 각오를 하고 일을 시작해야 하는 것이 인간이 처한 현실인 것이다.

불확실한 미래에 대한 불안을 안고 일을 해야 하는 우리 인생의 삶의 모습을 보여주면서, 장래 일어날 결과에 대해서는 우리를 사랑하시는 하나님의 손에 맡겨야 한다는 점을 또한 강조하고 있다.

Ⅳ. 맺는 말 11:7-12:8

11:7-12:8 인생을 즐겁게 살아라!

7. 빛은 실로 아름다운 것이다.
눈으로 해를 보는 것이 즐거운 일이다.
8. 사람이 여러 해를 살고 그 모든 날을 즐거워한다.
그러나 캄캄한 날들이 많으리라는 것을 생각하라.
다가오는 모든 날들이 덧없다.

9. 청년들이여 젊은 시절을 기쁘게 지내라.
젊은 날에 네 마음으로 즐거워하라
네 마음이 원하는 대로 행하며
네 눈이 보는 대로 행하라
그리고 이 모든 일에 대해
의로운지 여부를 하나님께서 살펴보신다는 것을 알아라.
10. 그리고 마음의 분노를 던져버리고
몸에 해로운 것을 없애버려라!
왜냐하면 어릴 때와 청년의 때가
너무도 빨리 지나가기 때문이다.

12 장

1. 너는 청년의 때에 너의 창조주를 기억하라.
곧 곤고한 날이 이르러
'내게 아무런 기쁨이 없구나!'하고
말하는 해가 오기 전에.
2. 해와 그 빛과 달과 별들이 어두워지기 전에,
비 뒤에 구름이 다시 일어나기 전에 그리하라.
3. 그 날에 집을 지키는 자들이 떨며
힘 있는 자들이 구부러질 것이며
맷돌질 하는 자들이 적으므로 일을 그만둘 것이며
창들로 내다 보는 자의 눈이 어두워질 것이며
4. 길거리 문들이 닫혀질 것이며
맷돌 소리가 적어질 것이며
새의 소리로 말미암아 일어날 것이며
노래하는 모든 딸들의 소리가 죽을 것이며

5. 또한 그런 자들은 높은 곳을 두려워할 것이며
길에서도 겁을 내며
살구나무가 꽃이 필 것이며
메뚜기도 짐이 될 것이며 정욕이 그칠 것이다.
참으로 사람이 자기의 영원한 집으로 돌아가고
애곡하는 자들이 거리를 돌아다닐 것이다.
6. 은줄이 풀리고 금 그릇이 깨어지고
항아리가 샘 곁에서 부서지고
그 도르래가 그 우물 위에서 깨어지고
7. 흙은 본래 있었던 땅으로 돌아가고
영은 그것을 주신 하나님께로 돌아가기 전에 기억하라
8. 코헬렛이 말했다.
"덧없고 덧없으니 모든 것이 덧없다."

〈해석〉

이 부분은 전도서의 결론 부분인데 결론답게 인생을 즐겁게 살아라고 권하고 있다. 전도서 처음에 나타난 핵심적인 구절인 "덧없고 덧없으니 모든 것이 덧없다."라는 구절이(1:2) 마지막에 다시 나타나고 있다(12:8).

11장 9-10절 부분은 전도서의 결론으로서 손색이 없는 부분인데 이제까지 잘못 번역되었고 잘못 해석되어 온 부분이기도 하다. 활달하고 생기발랄한 청년을 주눅 들게 하는 구절이 결코 아니다. 오히려 청년들이 마음껏 도전하고 개척하라고 격려하는 구절이다. 다만 염두에 둘 것은 남을 상처 입히거나 공동체를 위험에 빠뜨리는 울타리는 넘지 말아야 한다는 주의를 줄 뿐이다.

이 부분에서 주목해야 하는 것은 삶을 즐기라는 것과 자유롭게 행동하라는 것, 그리고 마음의 분노를 던져버리고 몸에 해로운 것을 없애라(12:10)는 말은 하나님의 명령이라는 사실이다. 하나님께서 선물로 준 삶을 기쁜 마음으로 받지도 않고, 즐겁게 지내지도 않는 사람을 과연 하나님은 잘했다 칭찬하실까 아니면 잘못했다 책망하실까?

12장 2-8절 부분은 노인의 삶을 은유적으로 묘사한 것이다. 아무리 항우장사라 하더라도 늙어지는 흐름을 막을 길이 없다. 나이가 많아지면 눈이 침침해지고 이빨이 힘이 없고 메뚜기도 짐이 되는 허약한 노인이 되는 것은 자연의 이치라 할 수 있다. 그러한 날이 오기 전에 인생을 좀 더 귀중히 여기고 즐거운 마음으로 살아가라는 충고를 하는 것이다. 노인의 시간이 아무 가치가 없다는 뜻이 결코 아니다. 인생에 있어서 피어나는 꽃과 같은 시간도 있고 늙고 힘들어지는 시간도 있음을 정직하게 볼 수 있어야 한다는 것이다.

동시에 인간의 육신과 마찬가지로 인간의 권력과 인간의 문명과 인간 주위의 자연도 쇠퇴하는 시간이 있다는 것을 깨우쳐 주려는 의도가 있음을 눈치 채야 할 것이다.

V. 후기 12:9–14

9. 코헬렛은 지혜자여서
여전히 백성에게 지식을 가르쳤고
많은 잠언들을 귀 기울여 듣고
연구하여 정리했다.
10. 코헬렛은 힘써 아름다운 말들을 구하였으며

진리의 말씀들을 정직하게 기록하였다.

11. 지혜자들의 말씀들은 그 몰이막대기와 같고
그 모음집들은 잘 박힌 못과 같으니
모두 한 목자가 주신 것이다.

12. 내 아들아 또 이것들로부터 경계를 받으라.
많은 책들을 짓는 것은 끝이 없고
많이 공부하는 것은 몸을 피곤하게 한다.

13. 일의 결국을 다 들었으니
하나님을 경외하고 그의 명령들을 지켜라.
참으로 이것이 모든 사람의 바른 길이다.

14. 참으로 숨겨진 모든 것까지 모든 행위를
그것이 선하든지 악하든지
하나님께서 심판대에 가져 오신다.

〈해석〉

처음에 나타났던(1:1) 편집자가 다시 나타나서 코헬렛과 전도서 전체에 대해 이야기하고 있다. 그런데 이 가운데 상식적으로 납득하기 힘든 부분이 나타나 있다. 즉 "많은 책들을 짓는 것은 끝이 없고 많이 공부하는 것은 몸을 피곤하게 한다."(12절)는 문장이다. 전통적으로 지혜자들이야말로 열심히 공부하는 사람들이다. 그리고 공부하고 연구하는 것을 격려해야 하는 입장에서 이와 같은 권고를 한다는 것은 좀 이상하다.

이러한 구절이 나타난 이유는 구약성경이 경전화 되는 과정에서 전도서에 대한 논란이 많았기 때문이다. 전도서는 이제까지 살펴보았듯이 전통적인 지혜의 흐름과는 많은 차이를 보이고 있다. 따라서 전도서를 구약성경에 포함시켜야 하느냐 마느냐 하는 논쟁이 있었다는 것이다. 결국 전도서를 구약성경에 포함시키는 쪽으로 결론이 났지만 이제 더 이상 다른 책을 구약성경에 포함시키는 것은 신중하게 생각해야 한다는 뜻에서 12절을 이야기 한 것이다. 따라서 12절은 일반적인 공부와 연구에 대한 이야기가 아님을 염두에 두어야 한다.

전도서가 특이한 면이 있지만 넓은 범위에서는 구약의 지혜 줄기에 속해 있음을 또한 편집자는 강조하고 있다. 즉 하나님을 경외하라는 지혜서의 일관성 있는 주제를 강조하면서 전도서도 이러한 범주에 속하는 지혜서라는 점을 이야기 하고 있는 것이다.

시편

제3부

제1권
제2권
제3권
제4권
제5권

제3부 시편

제1권

제1편

1. 복되도다! 그 사람
   악인들의 조언에 따라 걷지 않고
   죄인들의 길에 서지 아니하며
   오만한 자들의 자리에 앉지 아니하고
2. 오직 여호와의 토라를 즐거워하여
   그의 토라를 밤낮으로 묵상하는 사람이다.[41]
3. 그는 시냇가에 심겨진 나무가
   철을 따라 열매를 맺으며
   그 잎이 시들지 않는 것처럼
   그가 하는 모든 일이 다 형통할 것이다.
4. 그러나 악인들은 그렇지 않아서
   오직 바람에 나는 겨와 같다.
5. 그러므로 악인들이 심판에 서 있지 못하며
   죄인들이 의인들의 회중에 서 있지 못한다.
6. 왜냐하면 의인들의 길은 여호와께서 아시지만

41_ 묵상한다는 의미는 낮은 소리로 읊조리면서 반복해서 외우는 모습을 먼저 상상해 볼 필요가 있다. 이러한 행동을 통해 내용을 마음 속 깊이 새기게 되는 것이다.

악인들의 길은 망하기 때문이다.

〈해석〉

시편 1편은 시편 전체의 서두라 할 수 있다. 시편은 찬송가였지만 가사만 남아있는 상태에서는 교훈적인 시편을 제1편으로 배치하였다. 1편의 내용을 보면 의인과 악인의 대조가 뚜렷하다. 이처럼 시편을 하나님의 가르침으로 읽으라는 안내를 1편이 하고 있는 것이다.

시편은 원래 찬송가였다. 그러나 악보는 없고 가사만 남아있는 것이다. 소리는 사라지고 문자만 남아 있는 것이다. 노래이기에 당연히 운율도 있고 박자도 있는 것이다. 따라서 번역할 때 시詩로 번역되어야 하고 운율도 살릴 수 있어야 한다. 그래서 시편 1편을 우리에게 익숙한 운율인 4.4조 가사체로 번역해 보면 다음과 같다.[42]

복되어라 이런사람 악인의꾀 좇지않고
죄인의길 걷지않고 오만한데 앉지않네
주의율법 낙을삼아 밤낮으로 묵상하네
복되어라 이런사람 시냇가의 나무처럼
철따라서 열매맺고 그잎사귀 푸르르니
하는일이 잘되어서 만사형통 은혜일세
악한자는 이와달라 흩날리는 겨와같네
주님심판 못견디며 의인모임 끼지못해
그들의길 멸망하나 의인의길 보호받네

42_ 박근원, 홍순원, "우리가락 예배시편 -가슴 벅차고 흐벅지게," 『기독교사상』 536호 (2003. 8), 251-252.

제2편

1. 어찌하여 나라들이 술렁대며
   민족들이 헛된 일을 꾸미는가?
2. 세상의 왕들이 나서며 통치자들이 함께 모여
   여호와와 그의 기름 부음 받은 자를 대적하며
3. 우리가 그들의 족쇄를 끊고
   그의 밧줄들을 던져버리자 하는구나.
4. 하늘에 계신 분이 웃으심이여
   주께서 그들을 조롱하실 것이다.
5. 그 때에 노하셔서 말씀하시며
   그의 진노로 그들을 놀라게 하실 것이다.
6. "내 거룩한 산 시온 위에
   내가 나의 왕을 세웠다."
7. 내가 여호와의 명령을 전한다.
   여호와께서 내게 말씀하셨다.
   "너는 내 아들이라
   내가 오늘날 너를 낳았다.
8. 내게 구하라
   내가 이방 나라를 네 유업으로 주리니
   네 소유지가 땅 끝까지 이를 것이다.
9. 네가 철장으로 그들을 쳐부술 것이며
   질그릇 같이 그들을 부술 것이다."
10. 그러므로 이제,
    왕들아 너희는 지혜를 얻으라.
    세상의 지도자들아 너희는 교훈을 받아라.

11. 여호와를 경외하여 섬기고
떨며 즐거워하라.
12. 그의 아들에게 입맞추라.
그렇지 아니하면 진노하심으로
너희가 길에서 망할 것이다.
왜냐하면 그의 진노가
곧 불붙을 것이기 때문이다.
복있도다!
여호와께 피하는 모든 사람이여.

〈해석〉

시편 2편은 1편과 더불어 시편 전체의 서론 부분이라 할 수 있다. 시편 1편이 개인적인 선택에 대해서 노래한 것이라면 2편은 공동체가 하나님의 주권에 도전하는 문제를 어떻게 대처할 지에 관해서 노래하고 있다. 2편에서 강조하는 것은 하나님의 기름부음 받은 자 즉 하나님이 세우신 지도자인 왕을 통해서 대처한다는 것이다.

시편 2편은 왕의 대관식 때 그리고 왕조 창립 기념 축제일 때 불리어졌던 노래로 알려져 있다. 그만큼 내용 가운데 왕을 위한 구절이 많이 나타나 있다. 이러한 배경을 가진 이 시편은 예수님이 오신 후 예수님의 왕 되심과 하나님의 나라가 세워지는 것을 찬양하는 노래로 또한 불리어졌다. 예수님의 특이한 방식은 폭력에 대해서 폭력으로 맞서지 않고 그것을 수용함으로서 하나님 나라의 왕권을 수립했다는 점이다.

제3편

다윗의 시, 그의 아들 압살롬 때문에 그가 피할 때[43]

1. 여호와여 제 대적들이 어찌 그리 많은지요?
   일어나 저를 치는 자가 많습니다.
2. 많은 사람이 저에 관하여 말합니다.
   "그는 하나님께 구원을 받지 못한다." 셀라
3. 그러나 여호와여 주는 제 방패시오
   제 영광이시며
   제 머리를 높이시는 분이십니다.
4. 제가 제 목소리로 여호와께 부르짖으니
   그의 거룩한 산에서 제게 응답하십니다. 셀라
5. 제가 눕고 자고 깨는 것은
   여호와께서 저를 붙드시기 때문입니다.
6. 저를 적대하여 제 주위에 진을 친
   만군을 저는 두려워하지 않습니다.
7. 여호와여 일어나소서
   나의 하나님이여 저를 구원하소서
   참으로 주께서 제 모든 원수의 뺨을 치시며
   악인의 이빨을 부르뜨리셨습니다.
8. 구원은 여호와의 것이니
   주의 복을 주의 백성에게 내리소서. 셀라

43_ 각 시편의 제목이라 할 수 있는 표제 부분이다. '그의 아들 압살롬 때문에 그가 피할 때'라는 것은 다윗의 아들 압살롬이 반란을 일으켜 수도인 예루살렘을 점령하고 다윗은 급히 도망을 쳐야 했던 상황을 가리킨다. (사무엘하 15-18장)

〈해석〉

시편 3편은 어려움과 위험 가운데서 하나님의 도우심을 간구하는 개인 탄원시로 알려져 있다. 구조를 보면 4개의 연으로 구성되어 있으며 각 연의 끝에는 '셀라'라는 음악적 기호로 끝맺고 있음을 볼 수 있다. 다만 세 번째 연에는 셀라가 없다.

1-2절 시인의 탄원
3-4절 탄원에 대한 응답을 확신함
5-6절 하나님을 신뢰함
7-8절 하나님의 승리와 간구

이 시편은 대적이 일어나 공격하는 상황 속에서 하나님께 부르짖는 기도라 할 수 있다. 그런데 시인은 대적이 얼마나 큰 힘을 갖고 있고 어떠한 방법으로 공격해 오는지에 대해 주목하기보다 하나님을 향해 눈을 돌린다. 즉 나에게 덮쳐오는 어려운 문제 속에서 헤매기보다 문제를 해결할 수 있는 하나님께 시선을 돌리며 하나님께 요청하는 것이다.

이것은 현실도피가 아니다. 문제를 하나님과 연결시켜 해결하려는 방식이요, 세상의 모든 상황과 문제 위에 계신 하나님의 뜻 가운데서 현재의 문제에 대처하려는 지혜로운 방식이기도 하다.

시편 3편부터 표제가 나타나는데 표제가 있는 시편도 있고 표제가 없는 시편도 있다. 150편 가운데 34편에는 표제가 없다. 이 표제는 후대에 추가된 것이며 히브리어 성경에서는 이 표제가 본문 1절로 되어 있다. 표제 가운데 '다윗의 시'라고 되어 있는 것은 저자가 다윗일 수도 있지만 '다윗의 이름으로 수집된 찬송가'라는 뜻이다. 이러한 의미에는 다윗 왕조의 왕실 성전인 '예루살렘 성전 성가대의 찬송가'라는 의미도 포함되어 있다. 그리고 표제에는 어떤 곡조로 불러야 하는지를 지시하는 음악적 지시 사항도 포함되어 있기도 하다. 때로는 각 시편의 역사적 상황을 알려주기도 한다.

제6편

지휘자를 따라 현악 여덟째 줄에 맞추어 부르는 다윗의 노래

1. 여호와여, 주의 노하심으로 저를 책망하지 마시고
   진노하심으로 저를 징계하지 마십시오.
2. 여호와여, 제가 쇠약하였으니,
   제게 은혜를 베풀어 주십시오.
   여호와여 저의 뼈가 떨리니,
   저를 낫게 해주십시오.
3. 제 마음은 걷잡을 수 없이 떨립니다.
   여호와 주여 언제까지입니까?
4. 여호와여 돌아오셔서 제 생명을 건져 주십시오.
   주의 자비로우심으로 저를 구하여 주소서.
5. 참으로 죽어서는, 아무도 주님을 기억하지 못합니다.
   스올에서, 누가 주님께 찬양할 수 있겠습니까?[44]
6. 제가 탄식 하다가 지치고 말았습니다.
   밤마다 제 침대에서 눈물로 헤엄치니
   저의 잠자리를 적십니다.
7. 제 눈이 화로 인하여 쇠약해졌으며
   제 모든 적들로 인하여 눈이 침침합니다.
8. 죄악을 저지르는 자들아,

44_ '스올'은 사람이 죽은 후 가는 곳이다.

모두 다 내게서 떠나라.
여호와께서 내 울부짖는 소리를 들어 주셨다.
9. 여호와께서 내 탄원을 들어 주셨다.
여호와께서 내 기도를 받아 주셨다.
10. 내 모든 원수들이 부끄러워하고
매우 무서워하리니
그들이 돌아가서 부끄러워할 것이다.

〈해석〉

초대 교회에서부터 참회시로 알려진 시편은 6, 32, 38, 51, 102, 130, 143편이다. 시편 6편은 개인 탄원시로서 시인은 중한 병이 든 것으로 보인다. 1-7절은 하나님을 향해 간절히 부르짖는 모습이 나타나지만 8절 부터는 갑자기 돌변해서 담대하게 소리친다. 하나님께서 자기의 기도를 들으셨다는 확신을 노래하면서 승리를 외친다. 이러한 분위기 급전이 탄원시에는 자주 나타나는 현상인데 하나님께서 구원해 주실 것이라는 확신에서 일어나는 현상이다.

3절의 '언제까지입니까?'는 히브리어 구절 '아드 마타이'를 번역한 것인데 고통과 어려움을 겪고 있는 사람이 하나님께 호소할 때 자주 부르짖는 전형적인 표현이다. 하나님께서 구해주시리라는 확신은 있지만 지금 견뎌내기가 너무 힘들다는 고통스러운 마음을 표현한 것이다.

제8편

지휘자를 따라 깃딧에 맞춘 다윗의 노래[45]

45_ '깃딧'은 음악 용어이다.

1. 여호와 우리 주여
주의 이름이 온 땅에 어찌 그리 아름다운지요
주의 위엄을 하늘 위에 두신 분이시여
2. 주의 대적들
곧 원수들과 보복자들을 잠잠하게 하시려고
어린 아이들과 젖먹이들의 입에
주의 능력을 두셨습니다.
3. 주의 손가락으로 만드신 주의 하늘과
주께서 베풀어 두신 달과 별들을 제가 볼 때
4. 사람이 무엇이기에 주께서 그를 기억하시며
인자가 무엇이기에 주께서 그를 돌보십니까?
5. 주께서 그를 하나님보다 조금 못하게 하시고
영광과 존귀로 관을 씌우셨습니다.
6. 주의 손으로 만드신 것을 그로 다스리게 하시고
만물을 그의 발 아래 두셨으니
7. 곧 모든 소와 양과 들짐승이며
8. 하늘의 새와 바다의 물고기와
바닷길에 다니는 것을 두셨습니다.
9. 여호와 우리 주여
주의 이름이 온 땅에 어찌 그리 아름다운지요

〈해석〉

인간은 시간과 공간의 한계가 있다는 것은 전도서에서 누누이 이야기하는 주제이다. 흙의 먼지로 만들어진 인간이기에 언젠가는 흙의 먼지로 돌아갈 수밖에 없는 피조물인 것이다. 그런데 이러한 한계가 있는 인간임에도 불구하고 시편 8편에서는 하나님의 찬탄을 자아내는 아름다운 인간으로 나타난다.

"사람이 무엇이기에"로 시작되는 인간관은 인간을 높이 들어 올려서 "하나님보다 조금 못하게"하는 정도까지 올린다. 그리고 하나님께서 애지중지하시는 만물들을 관리하도록 책임을 맡겨주셨다고 하였다. 사람을 참으로 잘 만들었다고 자랑하고 싶은 하나님의 자신만만한 모습이 눈에 선하다. 그리고 사람을 신뢰하시는 하나님의 판단도 눈에 들어온다. 시편 8편은 창조주 하나님을 찬양하면서 동시에 인간이 하나님의 걸작품임을 보여주고 있다.

제14편

다윗의 시, 지휘자를 위하여

1. 어리석은 자는 그의 마음에
'하나님은 없다'고 말한다.
그들은 타락하여 그 행실이 가증하니
선을 행하는 자가 없다.
2. 여호와께서 하늘에서 사람을 내려다보신다.
분별력이 있는 자
곧 하나님을 찾는 자가 있는가 보시려고
3. 모두 치우쳤고 함께 부패하여
선을 행하는 자가 없으니 하나도 없다.
4. 죄악을 행하는 모든 자는
떡 먹듯이 내 백성을 먹으면서
여호와를 부르지 않는다는 것을 알지 못하느냐?
5. 거기서 그들은 두려워하고 두려워하였다.
왜냐하면 하나님이 의인의 세대에 계시기 때문이다.

6. 너희가 가난한 자에 대한 계획으로
부끄럽게 되리니
이는 여호와께서 가난한 자의
피난처가 되시기 때문이다.
7. 누가 시온으로부터 이스라엘의 구원을 줄 것인가?
여호와께서 그의 백성을
포로된 곳에서 돌이키실 때에
야곱이 즐거워하고 이스라엘이 기뻐할 것이다.

〈해석〉

여호와께서 가난한 자의 피난처가 되신다는 것은 어떤 의미인가? 가난한 사람들이 필요한 것은 윤택하게 살 수 있는 재물이다. 그런데 여호와 자신이 피난처가 되는 것이 더 좋을까?

서로 무척 사랑하며 살아가는 부부가 있었는데 한 가지 안타까운 것은 자녀가 없다는 점이었다. 결국 유산을 상속할 자손을 간절히 바라는 남편 가문의 압력과 그 지역의 풍습에 따라 그 부부는 이혼할 수밖에 없었다.

그러나 그 부부는 이혼한다는 것을 상상할 수 없을 정도로 서로 사랑하였다. 이 때 한 지혜로운 사람의 충고를 듣고, 주위의 친지와 이웃들을 초청하여 마지막 석별의 잔치인 소위 이혼 파티를 열었다. 그 잔치 석상에서 남편은 아내에게 이렇게 물었다. "내가 떠나보내는 당신에게 무엇이든 주고 싶은데 원하는 것을 다 말해 보시오"라고 했을 때 그 아내는 주저하지 않고 "저는 다른 것은 싫습니다. 오직 당신을 저에게 주세요"라고 대답했다. 이 광경을 본 친지와 이웃들은 더 이상 이들 부부에게 이혼을 강요하지 않았다.

무엇이 중요한가? 가난한 사람에게나 어려운 일을 당한 사람들에게 있어서 당장 필요한 것도 도움이 되겠지만 하나님께서 우리와 함께 하신다면 모든 것이 충족되고 문제가 해결될 수 있는 것이다. 재물이나 권력이나 다른 어떤 것보다 하나님께서 우리와 함께 해 주실 것을 간청하는 것이 무엇보다 중요하다.

제18편

여호와의 종 다윗의 시. 지휘자를 위하여.
여호와께서 다윗을 그 모든 원수들의 손에서,
그리고 사울의 손에서 그를 구해주신 날에
다윗이 이 노래의 말로 여호와께 부른 것이다.

1. 그가 말했다.
“나의 힘이신 여호와여
제가 주를 사랑합니다.
2. 여호와는 나의 반석이시요 나의 산성이시오
나를 건지시는 이시요 나의 하나님이시오
내가 그 안에 피할 나의 바위시오
나의 방패시요 나의 구원의 뿔이시오
나의 피난처시다.
3. 내가 찬송 받으실 여호와께 부르짖으리니
내 원수들에게서 구원을 얻을 것이다.
4. 죽음의 줄이 나를 얽고
파멸의 급류가 나를 두렵게 하며
5. 스올의 줄이 나를 에워싸고
죽음의 덫이 내게 다가와도
6. 내가 환난 중에 여호와를 부르며

나의 하나님께 부르짖었더니
그가 그의 성전에서 내 소리를 들으시고
도움을 청하는 나의 부르짖음이
그 앞에서 그의 귀에 들어간다.

7. 이에 땅이 진동하고
산들의 기초도 요동하였으니
그의 진노로 요동한 것이다.

8. 그의 코에서 연기가 오르고
그의 입에서 삼키는 불이 나오니
그 불에 숯이 피었다.

9. 그가 또 하늘을 기울이시고 내려오시니
그의 발 아래는 어두캄캄하다.

10. 그룹을 타고 다니시며
바람 날개를 타고 높이 날아가신다.

11. 그가 어둠을 그의 숨는 곳으로 두시고
장막 같이 자기를 두르게 하시는데
물의 흑암과 공중의 빽빽한 구름으로 그리하신다.

12. 그 앞의 광채로부터 우박과 숯불이
그 짙은 구름을 지나간다.

13. 여호와께서 하늘에서 천둥을 치시고
지극히 높으신 분께서 음성을 내시며
우박과 숯불을 내리신다.

14. 그의 화살을 날려 그들을 흩으시고
많은 번개로 그들을 혼란케 하신다.

15. 여호와여!
주의 꾸지람과 콧김으로 인해

바다 밑의 길들이 보이고
세상의 터가 나타납니다.
16. 그가 높은 곳에서 손을 펴사
나를 붙잡아 주셔서
강한 물에서 나를 건져내셨다.
17. 나를 강한 원수로부터 구하셨으니
나보다 담대하며
나를 미워하는 자에게서 구하셨다.
18. 그들이 나의 재난의 날에 내게 다가 왔으나
여호와께서 나의 의지가 되셨다.
19. 나를 넓은 곳으로 인도하시고
나를 기뻐하시므로 나를 구원하셨다.
20. 여호와께서 내 의를 따라 보상하시며
내 손의 깨끗함을 따라 내게 갚으셨으니
21. 이는 내가 여호와의 길을 지키고
악하게 내 하나님을 떠나지 않았기 때문이다.
22. 그의 모든 법규가 내 앞에 있고
그의 규례를 버리지 않았기 때문이다.
23. 또한 그의 앞에 완전하며
나의 죄악에서 스스로 자신을 지켰으므로
24. 여호와께서 내 의를 따라 갚으시니
그의 눈앞에서 내 손이 깨끗한 만큼 내게 갚으셨다.
25. 자비로운 자에게는 주의 자비로우심을 보이시고
완전한 자에게는 주의 완전하심을 보이시며
26. 깨끗한 자에게는 주의 깨끗하심을 보이시며
굽어진 자에게는 주의 거스르심을 보이십니다.

27. 참으로 주께서 가난한 백성은 구원하시나
교만한 눈은 낮추십니다.
28. 참으로 주께서 나의 등불을 켜심이여
여호와 내 하나님이 내 어둠을 밝히십니다.
29. 참으로 내가 주 안에서 적군을 향해 달리며
나의 하나님 안에서 담을 뛰어넘습니다.
30. 하나님의 길은 완전하고
여호와의 말씀은 순수하니
그는 자기에게 피하는 모든 자의 방패시다.
31. 참으로 여호와 외에 누가 하나님이며
우리 하나님 외에 누가 반석이냐?
32. 그 하나님께서 내 허리를 힘으로 동여매게 하시고
내 길을 완전하게 하시며
33. 나의 발을 암사슴 발 같게 하시며
나를 높은 곳에 세우셔서
34. 내 손을 가르쳐 싸우게 하시니
내 팔이 놋 활을 당긴다.
35. 또 주께서 주의 구원의 방패를 내게 주시며
주의 오른손이 나를 붙들고
주의 온유함이 나를 크게 했습니다.
36. 주께서 제 걸음을 넓게 하셨으니
제 발목이 비틀거리지 않았습니다.
37. 제가 원수를 추격하여
그들이 망하기 전에는 돌아오지 않았습니다.
38. 제가 그들을 쳐니 그들이 일어나지 못하고
제 발 아래에 쓰러졌습니다.

39. 주께서 그 전쟁을 위하여

제 허리를 능력으로 동여매게 하시고

저를 적대하는 자들이 제게 굴복하게 하셨습니다.

40. 또 주께서 원수들이 제게 등을 보이게 하시고

저를 미워하는 자들을 저로 끝내게 하셨습니다.

41. 그들이 부르짖으나 구원할 자가 없고

여호와께 부르짖어도 그들에게 응답하지 않으시니

42. 제가 그들을 바람 앞에 티끌 같이 부서뜨리고

거리의 진흙 같이 쏟아 버렸습니다.

43. 주께서 저를 백성의 다툼에서 건지시고

여러 민족의 으뜸으로 삼으셨으니

제가 알지 못하는 백성이 저를 섬깁니다.

44. 그들이 내 소문을 들은 즉시로 내게 순종하니

이방인들이 제게 복종하고

45. 이방인들이 쇠잔하여

그 견고한 곳에서 떨며 나옵니다.

46. 여호와는 살아 계시니 나의 반석을 찬송하며

내 구원의 하나님을 높여라!

47. 하나님이 나를 위하여 보복해 주시고

민족들이 내게 복종하게 해 주시며

48. 주께서 저를 원수들에게서 구조하시니

주께서 저를 대적하는 자들의 위에 나를 높이 드시고

저를 강포한 자에게서 건지십니다.

49. 여호와여 이러므로 제가

이방 나라들 중에서 주께 감사하며

주의 이름을 찬송합니다.

50. 여호와께서 그 왕에게 큰 구원을 주시며
기름 부음 받은 자에게 인자를 베푸시니
영원토록 다윗과 그 후손에게 베푸십니다.

〈해석〉

시편 18편은 개인 감사시로 볼 수 있는데 43절과 50절을 볼 때 이 시편은 제왕감사시(Royal Thanksgiving Psalm)로 세분 할 수 있다. 왕이 전쟁에서 승리하여 개선행진 하면서 부른 감사시라는 의미이다. 그러나 제사(예배) 때 이 시편을 불렀기에 개인감사시 이면서도 회중의 참여가 나타나는 모습을 내용 가운데서 찾아 볼 수 있다.[46]

흥미로운 것은 이 시편과 동일한 시편이 사무엘하 22장에 실려 있다는 점이다. 시편 18편에 사용된 언어와 표현형식을 검토해 볼 때 주전 10세기경 고대의 시로 보는 학자들도 있다.[47] 시편이 먼저냐 혹은 사무엘하가 먼저냐에 대한 논쟁이 있어왔는데 결론을 내리기가 쉽지 않다. 하나의 감사시가 두 갈래로 전승되어 왔을 가능성도 있다.

그런데 사무엘하와 시편을 비교해 보면 차이를 발견할 수 있다. 사무엘하 에서는 하나님이 등불이시고 능력있고 힘있는 분이라 찬양했다면(삼하 22:29), 시편에는 내 안의 등불을 켜 주시고, 나에게 힘이 솟아나게 해주시고, 나를 힘있는 장사로 만들어 주시는 분이라고 찬양하고 있다(시 18:28).

46_ Donald K. Berry, *The Psalms and their Readers: Interpretive Strategies for Psalm 18* (Sheffield: JSOT Press, 1993) 140.

47_ D. N. Freedman, "Divine Names and Titles in Early Hebrew Poetry," in F. M. Cross et al., *Magnalia Dei: The Mighty Acts of God* (Doubleday, 1976) 75-77. F. M. Cross and D. N. Freedman, "A Royal Song of Thanksgiving: II Samuel 22 = Psalm 18," *JBL* 72(1953) 15-34.

여호와여 주는 나의 등불이시니
여호와께서 나의 어둠을 밝히시리이다. (삼하 22:29)

참으로 주께서 나의 등불을 켜심이여
여호와 내 하나님이 내 어둠을 밝히십니다. (시 18:28)

또 다른 절을 보면, 사무엘하에서는 하나님께서 힘이 있다고 했는데, 시편에는 나에게 힘있는 장사로 만들어 주셨다고 되어 있다.

하나님은 나의 견고한 요새시며… (삼하 22:33)
하나님께서 내 허리를 힘으로 동여매게 하시고… (시 18:32)

여기에 덧붙여 시편 18편은 사무엘하 22장에는 없는 새로운 절을 추가하였다. 즉 1절을 추가한 것이다; "나의 힘이신 여호와여 제가 주를 사랑합니다." 하나님의 사랑이 아니라 하나님을 향한 나의 사랑을 고백한 것이다. 이 고백이야말로 시편 18편 전체의 메시지를 축약한 것이라 할 수 있다. 사랑하는 사람이야말로 힘이 샘솟는 사람이기 때문이다.

종합해보면 사무엘하에서는 하나님의 능력을 찬양하였다면 시편에서는 하나님께서 인간에게 힘을 주셔서 능력있는 인간으로 나타나는 것을 볼 수 있다. 시편 18편은 인간의 가능성과 책임을 강조한 시편이라 할 수 있다.

시 18편의 내용을 분석해 보면 다음과 같은 구조를 발견할 수 있다.

I. 머리말	1-2
II. 하나님의 위대한 구원	3-19
A. 고난 가운데서 하나님께 부르짖음	3-6
B. 하나님의 현현	7-15

C. 구원하시는 하나님	6-19
III. 구원하시는 이유	20-26
IV. 힘을 주시는 하나님	27-34
V. 위대한 구원	35-48
VI. 맺는말	49-50

제19편

다윗의 시. 지휘자를 위하여

1. 하늘이 하나님의 영광을 말하고
   궁창이 그의 손으로 하신 일을 전한다.
2. 날은 날에게 말을 쏟아내고
   밤은 밤에게 지식을 선포한다.
3. 연설도 말도 없으며
   하늘의 소리가 들리지 않지만
4. 하늘의 소리가 온 땅에 퍼지며
   하늘의 말이 세상 끝까지 이른다.
   하나님이 태양을 위하여 하늘에 장막을 두셨다.
5. 태양은 그의 신방에서 나오는 신랑과 같고
   길을 달리는 장사처럼 기뻐한다.
6. 하늘 이 끝에서 나와서
   하늘 저 끝까지 운행함이여
   그의 시야에서 숨겨진 것이 아무것도 없다
7. 여호와의 토라는 완전하여 영혼을 소생시키며[48]

48_ '토라'는 '(하나님)의 가르침'이란 뜻의 히브리어다. 토라는 창세기부터 신명기까지 의 오경을 가리키는 말로 쓰이기도 한다.

여호와의 증거는 확실하여 단순한 자를 지혜롭게 하며
8. 여호와의 교훈은 정직하여 마음을 기쁘게 하고
여호와의 명령은 정결하여 눈을 밝게 한다.
9. 여호와를 경외하는 도는 정결하여 영원까지 이르고
여호와의 법규는 진실하여 다 의로우니
10. 금 곧 많은 순금보다 좋고
꿀과 송이꿀보다 더 달다.
11. 또 주의 종이 이것으로 경고를 받고
이것을 지킴으로 많은 상이 있습니다.
12. 누가 실수들을 깨닫겠습니까?
저를 숨은 허물에서 벗어나게 하소서.
13. 또 주의 종을 거만한 죄들로부터 막으셔서
그 죄가 저를 다스리지 못하게 하소서
그리하면 내가 정직하여
많은 죄로부터 깨끗할 것입니다.
14. 제 입의 말과 마음의 묵상이
주님 앞에 기쁘게 받아들여지기를 원합니다.
나의 반석이시요 나의 구속자이신 여호와여![49]

〈해석〉

시편 19편은 하나님의 가르침을 담은 토라 시편이다. 나니아 연대기의 저자 루이스(C. S. Lewis)는 시편 19편에 대해 말하기를 "나는 이 시를 시편 중에서 가장 위대한 시로 간주하며, 세상에서 가

49_ '구속자'란 빚을 갚지 못해 차압당한 토지와 사람을 다시 돌아오도록 하기 위해 자기의 돈으로 빚을 갚고(속전을 지불하고) 토지와 사람을 다시 찾아오는 사람을 가리킨다. 이러한 일을 할 수 있는 사람은 가족이나 친족 뿐이기에, 일반적으로 구속자라고 할 때는 가족이라는 의미도 포함되어 있다.

장 위대한 서사시로 간주한다"고 했다.[50] 시편 19편은 참으로 아름답고도 장엄한 시편이다.

시편 19편의 구조는 다음과 같다.

A. 하늘이 창조주 하나님을 찬양함 1-6
B. 토라를 주신 하나님을 찬양함 7-10
C. 하나님을 향한 기도 11-14

온 세상의 피조물들은 말을 하지 않아도 서로서로 창조의 신비를 전달하며 창조주 하나님을 찬양하는데 인간이 들을 수 없고 이해할 수 없는 소리로 찬양한다. 하나님의 뜻을 모두 알 수는 없지만 자연을 통해서 창조의 신비를 느끼며 하나님의 능력과 위엄에 놀랄 뿐이다.

사람은 하나님의 가르침인 토라를 통해서 하나님의 뜻을 훨씬 더 명확히 알 수 있으며 그 율법의 말씀을 통해서 우리는 새로운 힘을 얻어 일어서며 기쁜 마음으로 희망차게 인생의 길을 달려갈 수 있다. 그러므로 율법은 금은보화보다 더 귀중하며 송이꿀보다 더 달콤한 맛을 느낄 수 있는, 우리를 행복하게 만드는 말씀이다.

하나님을 신뢰하며 하나님을 의지한다면 나같이 연약한 자도 많은 죄를 저지르지 않고 하나님을 기쁘시게 할 수 있음을 확신할 수 있다. 왜냐하면 하나님은 가족과 같이 나를 아껴주시는 '구속자'이시며 믿음직스럽고 한결 같이 나를 보호하시고 감싸주시는 '반석'과 같은 분이시기 때문이다.

50_ C. S. Lewis, *Reflections on the Psalms* (Hartcourt, 1986) 56.

제20편

다윗의 시. 지휘자를 위하여

1. 환난 날에 여호와께서 당신에게 응답하시고
   야곱의 하나님의 이름이 당신을 보호하시며
2. 성소에서 당신을 도와 주시고
   시온에서 당신을 붙드시며
3. 당신의 모든 소제를 기억하시며
   당신의 번제를 받아 주시기를 원합니다. 셀라
4. 그분이 당신의 마음의 소원대로 허락하시고
   당신의 모든 계획이 이루어지도록 하실 것입니다.
5. 우리가 당신의 구원으로 기뻐 외치며
   우리 하나님의 이름으로 우리의 깃발을 세우리니
   여호와께서 당신의 모든 기도를
   이루어 주시기를 원합니다.
6. 여호와께서 그의 기름 부음 받은 자를
   구원하시는 줄 이제 내가 알았습니다.
   그의 오른손의 구원하는 힘으로
   그의 거룩한 하늘에서 그에게 응답하십니다.
7. 어떤 사람은 전차를,
   어떤 사람은 말을 의지하나
   우리는 여호와 우리 하나님의 이름을 기억합니다.
8. 그들은 비틀거리며 넘어지나
   우리는 일어나 서로 도와 일으킵니다.
9. 여호와여! 구원하소서
   왕이시여! 우리가 부를 때에 우리에게 응답하소서.

〈해석〉

시편 20편은 '전쟁을 앞둔 왕을 위한 중재 기도'로 널리 알려져 있지만 이 시편 전체를 살펴 볼 때 한 개인이나 집단을 위한 축복으로 볼 수도 있다. '기름부음 받은 자'가 나타나기 때문에 왕을 위한 기도로 볼 수도 있지만 고통 받는 모든 사람들을 위한 시편으로 볼 수도 있다.

왕을 위한 기도가 아니라 고통받는 사람을 위한 중보기도라 볼 때 보다 더 중요한 메시지를 발견할 수 있다. 하나님께서 고통당하는 사람에게 응답하신다는 것은 '환난 날'에 고통당하는 사람이 하나님께 부르짖는 것에 대한 응답이다. 그러므로 '환난 날'의 성도의 할 일은 고통 가운데 허우적거릴 것이 아니라 주님께 부르짖는 간절한 기도가 있어야 할 것이다.

'환난 날'에 우리가 좌절하고 넘어지는 것을 우리 주님은 원하지 않으시며 오히려 시련 가운데서 연단되어 더욱 힘차게 일어나 계획을 세워 우리의 삶의 길을 용감히 걸어 나가기를 원하신다.

제22편

지휘자를 따라 '새벽 암사슴'의 가락으로 부르는 다윗의 노래[51]

1. 나의 하나님 나의 하나님
   어찌하여 나를 버리십니까?
   어찌 나를 멀리 하여 구원치 않고
   나의 울부짖는 말을 듣지 않으십니까?

51_ '아얠렛샤할'에 맞춘 노래를 '새벽 암사슴'의 가락으로 부르는 노래라고 번역하였다. 아마도 새벽에 맹수나 사냥꾼에게 쫓기는 사슴의 상황을 연상하면서 노래 부르라는 음악적인 지시라고 볼 수 있다.

2. 나의 하나님, 낮에도 부르고
밤에도 부르짖어도
당신께서 응답하지 않으십니다.
3. 그러나 주님은 이스라엘의 찬양 가운데 거하시는
거룩하신 분이십니다.
4. 우리 조상이 주님을 의지했습니다.
그들이 의지했고, 주께서는 그들을 구해 주셨습니다.
5. 그들이 주께 부르짖었으므로 구함을 받았고
그들이 주님을 의지하여 수치를 당하지 않았습니다.
6. 그러나 저는 사람도 아닌 벌레요,
사람들의 조롱거리, 백성의 멸시거리일 뿐입니다.
7. 저를 보는 사람은 누구나 저를 조롱하며,
입을 크게 벌리고 머리를 흔들며
8. "그가 여호와께 그토록 의지하였다면,
그가 그를 구하여 주겠지.
그가 그토록 그를 기뻐하니
그를 건져 주겠지" 합니다.
9. 참으로 주님은 나를 모태에서 끌어내신 분,
어머니의 젖을 빨 때부터
저에게 믿음을 주신 분이십니다.
10. 나는 태어날 때부터 주께 맡긴 몸,
제 어머니 배에서부터,
주님은 나의 하나님이십니다.
11. 저를 멀리하지 말아 주십시오.
재난이 가까이 닥쳐왔으나,
저를 도와줄 사람이 없습니다.

12. 황소 떼가 나를 둘러쌌습니다.
바산의 힘센 소들이 저를 에워쌌습니다.
13. 으르렁대며 찢어 발기는 사자처럼
그들이 입을 벌리고 제게 달려듭니다.
14. 나는 물처럼 쏟아져서
뼈마디가 모두 어그러졌습니다.
나의 마음이 촛물처럼,
제 속에서 녹아 내렸습니다.
15. 제 힘이 토기조각처럼 말라 버렸고,
저의 혀가 입천장에 붙어 있으니,
주께서 저를 흙 속에서 죽도록 내버려 두셨습니다.
16. 참으로 개들이 저를 에워싸고,
악한 일을 저지르는 무리가 저를 둘러싸고
사자처럼 제 손과 발을 찢었습니다.
17. 제가 제 모든 뼈들을 셀 수 있습니다.
그들이 주시하여 저를 보며
18. 그들이 제 겉옷을 나누어 가지고,
제 속옷도 제비를 뽑아서 나누어 가집니다.
19. 그러나 주 여호와여, 멀리하지 말아 주십시오.
나의 힘이시여 어서 빨리 도와주십시오.
20. 내 생명을 칼에서 건져 주십시오.
하나뿐인 나의 목숨을 개의 손에서 구해 주십시오.
21. 사자의 입에서 저를 구하여 주십시오.
들소의 뿔에서 주께서 제게 응답하셨습니다.
22. 주의 이름을 저의 형제자매에게 알리고,
예배 회중 한가운데서, 주님을 찬양하렵니다.

23. 여호와를 경외하는 사람들아, 그분을 찬양하여라.
야곱의 모든 자손아, 그분을 공경하라.
이스라엘의 모든 자손아, 그분을 두려워하라.
24. 참으로 그분은 멸시하지 않으시며
가난한 자의 간구를 외면하지 않으신다.
그의 얼굴을 그로부터 숨기지 않으시며
도움을 청할 때 들으신다.
25. 큰 공동체 가운데서 하는 저의 찬양이
주께로부터 나왔으니
주를 경외하는 자들 앞에서
제 서원을 갚을 것입니다.
26. 가난한 사람들도 먹고 배부를 것이며
여호와를 찾는 사람들은 여호와를 찬양하리니
너희 마음이 영원히 살 것이다.
27. 온 땅이 주님을 기억하고, 주께로 올 것이며,
이 세상 모든 민족이 주님 앞에 경배할 것이다.
28. 참으로 왕국은 여호와의 것이며,
주님은 만국을 다스리시는 분이시다.
29. 먹고 경배하라.
땅의 모든 기름진 자들아
그분 앞에 무릎을 꿇어라
흙으로 내려가서 그 자신이 살지 못하는 자들아
30. 자손이 주님을 섬기리니
대대로 주님이 누구신지 전해질 것이다.
31. 그들이 와서 그의 의를 전하리니
주께서 하신 일을

태어날 백성에게 전할 것이다.

〈해석〉

22편은 예수님의 십자가 사건을 연상시키는 시편으로 널리 알려져 있다. 1절의 "나의 하나님 나의 하나님 어찌하여 나를 버리십니까?"라는 구절은 예수님께서 십자가상에서 극심한 고통을 당하시면서 외우신 시편이었다. 이 한 구절은 시편 22편 전체를 대표하는 구절로서 예수님께서 단순히 하나님을 원망한 것이 아니라, 22편의 내용처럼 어려움 가운데 부르짖는 성도의 모델을 보여주신 것이요, 그 부르짖음을 외면하지 아니하시고 들어주시는 하나님을 상기시키는 구절이다.

22편은 두 부분으로 나누어지는데 1-21절에는 고통 중에서 하나님께 부르짖는 모습이 나타난다. 그러나 22절 부터는 갑자기 감사와 찬양이 터져 나오는 기쁨의 소리를 들을 수 있다. 그 이유는 하나님께서 부르짖음을 들으셨다는 믿음이 생겼기 때문이다. 아직 고통이 끝나지 않았지만 고통의 현장에서 하나님을 믿는 믿음으로 찬송을 부르는 것이다.

특히 비록 죽는 경우가 있다 하더라도 그 죽음을 그대로 받아들이겠다고 고백하면서 찬양하고 있다. 이것은 하나님을 의심해서가 아니라 하나님께서 부르짖음을 들으시고 어떤 결정을 내리시든 그 결정에 기꺼이 따르겠다는 결단과 각오로 찬송을 부르는 것이다. 마치 예수님이 십자가를 지시면서 이 시편으로 찬양했던 것처럼 말이다.

이 시편 가운데는 3절에 "이스라엘의 찬양 가운데 거하시는 거룩하신 분"이라는 구절이 나타난다. 우리가 찬송할 때 그 가운데 하나님께서 함께 하시는 체험을 할 수 있다는 것이다. 그래서인지 예배 순서 가운데 다른 어떤 순서보다 찬양 순서에 은혜를 체험하는 성도들이 많다고 한다.

찬양은 곡조있는 기도요 찬양 상황은 하나님과의 아름다운 대화와 만남이 이루어지는 현장이다. 또한 일정한 장소나 시간에 제약을 받지 않고 길을 걸을 때나 혼자 있을 때라도 찬양할 수 있다. 따라서 일상생활 가운데서 하나님과 동행하며 하나님과 함께 살아간다는 확신을 얻게 되고 그 안에서 새로운 힘을 얻을 수 있는 길이 바로 찬양하는 것이다.

제23편

1. 여호와는 나의 목자시니
   내게 부족함이 없으리라.
2. 그가 나를 푸른 풀밭에 누이시며
   쉴 만한 물 가로 인도하신다.
3. 내 영혼을 소생시키시고
   자기 이름을 위하여 의의 길로 인도하신다.
4. 제가 사망의 음침한 골짜기로 다닐지라도
   해를 두려워하지 않을 것은
   주께서 나와 함께 하시며
   주의 지팡이와 막대기가
   나를 위로하기 때문입니다.
5. 주께서 제 원수의 목전에서
   제게 상을 차려 주시고
   기름을 제 머리에 부으셨으니
   제 잔이 넘칩니다.

6. 참으로 선하심과 인자하심이
내가 사는 모든 날 동안
반드시 나를 추적하리니
내가 여호와의 집에 영원히 살리라.

〈해석〉

시편 가운데서도 가장 사랑받고 있는 23편은 하나님을 신뢰하는 신뢰의 시로 구분할 수 있다. 23편의 구조는 다음과 같이 세 부분으로 구성되어 있다.

I. 나의 선한 목자이신 하나님	1-3절
II. 나와 함께 하시는 하나님	4-5절
III. 결단	6절

내용면에 있어서도 위와 같이 세 부분으로 나눌 수 있지만 인칭의 변화도 주목할 필요가 있다. 즉 처음에는 3인칭으로 시작하다가(1-3절), 이인칭으로 바뀌고(4-5절), 다시 3인칭으로(6절) 끝을 맺는 것을 볼 수 있다.

또한 시편 23편은 목가적이며 전원의 평화로운 이미지가 있기에 위로와 평안함을 주는 시편으로도 알려져 있다. 그러나 내용을 좀 더 자세히 들여다보면 반드시 그렇지는 않다는 점을 발견할 수 있다. 즉 죽음과 재난과 원수의 추격이 있음에도 불구하고 하나님을 신뢰하는 마음으로 능히 극복해 나가겠다는 각오를 다지는 내용이 있는 것이다.

5절의 "제 원수의 목전에서 제게 상을 차려 주시고"라는 상황은 원수의 추격으로 쫓기는 신세가 되었는데 어느 장막에서 자기를 받아들여 보호해 주고 음식을 차려 준다는 장면을 가리킨다. 유목

민의 관습에서는 일단 어느 텐트에 들어가서 텐트 주인이 받아주고 음식을 대접받으면 더 이상 그 사람을 추격할 수 없고 해할 수 없다는 불문율이 있다. 이러한 광경을 보여주면서 하나님을 피난처가 되시고 보호자 되시는 분이라고 고백하는 것이다.

한걸음 더 나아가 하나님의 한없는 은혜를 "자기 이름을 위하여 의의 길로 인도하신다."(3절)는 구절에서 찾을 수 있다. 비록 용서받을 수 없는 죄를 저질렀을 경우에도 하나님의 명예 때문에 하나님의 백성을 용서해 주신다는 놀라운 메시지를 전해주고 있는 것이다.

마지막에 여호와의 집인 성전에 살겠다고 다짐하는 것은 개인적인 결단이 아니라 공동체 일원으로서 하나님과 더불어 살겠다는 고백이다. 그리고 이러한 결단을 하게 된 이유는 단순한 하나님의 보호 때문이 아니라 자신을 추격하는 하나님의 선하심과 인자하심 때문이라 밝히고 있다.

이 시편의 내용을 분석해 보면 평온한 가운데 무엇을 결단하는 것이 아님을 알 수 있다. 목숨의 위협도 있고 허약해있으며 두려워하는 지도자의 타는 마음이 녹아 있는 시편이다. 경제적으로도 궁핍하고 원수가 추격하는 상황이다. 그럼에도 불구하고 하나님의 음성은 들려오지 않는다. 다만 하나님께서 주신 복을 헤아려 보고 생각을 정리하면서 하나님과의 특별한 관계를 발견한 사람의 시편이다.

제24편

다윗의 시

1. 땅과 그 안에 가득 찬 것이
   모두 다 여호와의 것,
   온 누리와 거기에 살고 있는

그 모든 것도 여호와의 것
2. 참으로 주께서 바다 위에 그 기초를 놓으셨고,
강들 위에 그것을 세우셨다.
3. 누가 여호와의 산에 오를 수 있으며,
누가 그 거룩한 곳에 들어설 수 있느냐?
4. 손이 깨끗한 사람과 마음이 정결한 사람,
헛된 것을 위하여 자기 목숨을 들지 않고
거짓 맹세를 하지 않는 사람이다.
5. 그런 사람은 여호와께서 주시는 복을 받고,
그를 구원하신 하나님께로부터
의로움을 인정받을 사람이다.
6. 그런 사람은 주님을 찾는 세대에 속한 사람이요,
주님의 얼굴을 뵈려고 나아가는 사람이다.
야곱아! 셀라
7. 문들아, 너희 머리를 들어라.
영원한 문들아, 들려져라
영광의 왕께서 들어가신다.
8. 영광의 왕이 뉘시냐?
여호와는 전능자시고 용사시며
여호와는 전쟁의 용사시다.
9. 문들아, 너희 머리를 들어라.
영원한 문들아, 들려져라
영광의 왕께서 들어가신다.
10. 영광의 왕이 뉘시냐?
만군의 여호와,
그분이야말로 영광의 왕이시다. 셀라

〈해석〉

시편 24편은 왕이신 하나님의 왕권을 찬양하는 시편이다. 구체적인 광경은 순례자들과 하나님의 궤가 예루살렘 성문을 통과하는 장면에서 부르는 제사장과 회중들의 찬양이라 할 수 있다. 따라서 주고받는 교창의 형식이 나타난다.

3절에서 순례자들이 "누가 여호와의 산에 오를 수 있으며, 누가 그 거룩한 곳에 들어설 수 있느냐?" 물을 때 제사장은 4-5절과 같이 대답하는 형식으로 진행되고 있다. 8절과 10절에도 질문과 대답이 반복되고 있는데 아마도 성가대가 질문하고 순례자들이 대답하는 것으로 추정된다. 또한 7-8절과 9-10절이 거의 유사하게 내용이 반복되고 있는 모습을 발견할 수 있다.

시편 24편은 하나님이 창조주이심을 찬양하면서 우주 안에 있는 모든 것이 하나님의 소유물임을 천명하고 있다. 특히 여호와의 산에 오를 자 누구냐라는 질문에 손이 깨끗하며 마음이 정결한 사람이라는 답을 들을 수 있다. 사람을 높이 평가할 수 있는 이유가 많은 재물을 소유해서가 아니라 하나님과 사람들과의 관계가 의롭고 깨끗하기 때문이라는 것이다.

제33편

1. 의인들아, 여호와 안에서 기뻐 외쳐라.
   정직한 사람들에게,
   찬양은, 너희가 마땅히 해야 할 일이다.
2. 수금을 타면서, 여호와를 찬양하라.
   열 줄 비파로 그 분을 찬송하라.
3. 새 노래로 주님을 찬양하면서,

우렁차게 노래하라.
4. 참으로 여호와의 말씀은 언제나 올바르며,
그 하시는 일은 언제나 신실하다.
5. 주님은 정의와 공의를 사랑하시는 분,
주의 한결같은 사랑이 온 땅에 가득하구나.
6. 여호와의 말씀으로 하늘을 지으시고,
그분의 입의 영으로 모든 별을 만드셨다.
7. 주님은 바닷물을 모아 둑처럼 모으시고
그 깊은 바닷물을 모아 창고 속에 넣어 두셨다.
8. 온 땅아, 여호와를 경외하라.
세상 모든 사람아, 주님을 경외하라.
9. 주님이 말씀하셔서 모든 것이 생기고,
그분이 명하셔서 모든 것이 견고하게 제자리를 잡았다.
10. 여호와께서 나라들의 계획을 무산시키시고
민족들의 생각을 무효로 돌리신다.
11. 여호와의 계획은 영원히 흔들리지 않으며,
마음에 품으신 뜻은 대대로 끊어지지 않는다.
12. 복되도다!
여호와를 저희들의 하나님으로 모시는 나라여!
하나님의 소유로 뽑힌 백성이여!
13. 여호와께서 하늘에서 굽어보시며,
사람들을 낱낱이 살펴보신다.
14. 계시는 그 곳에서
땅 위에 사는 사람을 지켜보신다.
15. 주님은 사람의 마음을 지으신 분,
사람의 행위를 다 아시는 분이시다.

16. 군대가 많다고 해서
왕이 나라를 구하는 것은 아니며,
힘이 세다고 해서
용사가 제 목숨을 건지는 것은 아니다.
17. 군마가 구원에는 거짓되며
그것의 큰 힘으로 도망하지 못한다.
18. 보라! 여호와의 눈은
주님을 경외하는 사람에게 있으며
그분의 인애를 기다리는 사람에게 있다.
19. 그들의 목숨을 죽음에서 건져내시고,
굶주림 가운데서 살려 내신다.
20. 우리의 영혼이 여호와를 기다리니
그 분은 우리의 도움이시며 우리의 방패시다.
21. 참으로 그 거룩한 이름을 의지하기에
그로인해 우리 마음이 기쁘다.
22. 여호와 당신의 인애하심이
우리가 당신을 기다리는 대로
우리에게 임하소서

〈해석〉

시편 33편은 찬양시이며 창조주이신 하나님과 역사의 주관자이신 하나님을 찬양하는 찬송이다. 이 시의 특징은 알파벳 순서로 작성되었기에 쉽게 외울 수 있고 많은 사람들에 의해 사랑을 받는 시편이라는 점이다. 히브리어 자음은 22개인데 이 시편도 자음 순서로 이어지기에 22절이다.

찬양시에는 찬양의 이유가 제시된다. 이 시편에는 4-7절이 찬양의 이유를 제시하는 부분인데, 천지를 창조하였기에 그리고 정의와 공의로 통치하시기에 찬양한다는 점을 밝혔다.

온 천하를 통치하시는 하나님에게는 계획이 있으며 그 계획은 반드시 성취된다고 고백하고 있다. 이러한 계획은 이루어질 하나님의 나라에 대한 계획이다. 또한 정의로 통치하시면서 인애의 사랑으로 함께 하시는 하나님을 찬양한다. 이러한 사랑이 있기에 기쁜 마음으로 하나님과 함께 걸어가는 것이다.

제34편

아비멜렉 앞에서 미친 체하다가, 쫓겨나서 지은 다윗의 시

1. 내가 여호와를 늘 찬양할 것이니,
   주님을 찬양하는 노랫소리,
   내 입에서 그치지 않을 것이다.
2. 내가 오직 여호와만을 자랑할 것이니,
   겸손한 사람들이 듣고 기뻐할 것이다.
3. 나와 함께 '여호와는 크시다' 하고
   우리가 주의 이름을 높이세
4. 내가 여호와를 애써 찾았더니,
   주께서 나에게 응답하시고,
   그 모든 두려움에서 나를 건져내셨다.
5. 저희가 주님을 우러러보아 빛이 나고
   그들의 얼굴이 수치를 당하지 않을 것이다.
6. 가난한 자가 부르짖었더니,
   여호와께서 들으시고,
   그의 모든 고통들로부터 구원해 주셨다.

7. 여호와의 사자가 주님을 경외하는 사람을
둘러 진을 치고, 그들을 건져 주신다.
8. 여호와의 선하심을 맛보아 알라
복되도다! 주님을 피난처로 삼는 사람이여!
9. 여호와를 경외하라.
그 분의 거룩한 자들아,
참으로 그분을 경외하는 사람에게는,
아무런 아쉬움이 없을 것이다.
10. 젊은 사자들은 먹이를 잃고 굶주릴 수 있으나,
여호와를 찾는 사람은
모든 좋은 것에 아쉬움이 없을 것이다.
11. 오라 아들들아, 와서 내 말을 들어라.
여호와를 경외하는 길을 너희에게 가르쳐 줄 것이다.
12. 살기를 원하는 사람, 그 사람은 누구냐?
좋은 일을 보면서 오래 살고 싶은 사람,
그 사람은 또 누구냐?
13. 네 혀로 악한 말을 하지 말며,
네 입술로 거짓말을 하지 말라.
14. 악한 일에서 떠나고, 선한 일만 하라.
평화를 찾고 그것을 좇아 다녀라.
15. 여호와의 눈은 의로운 사람을 살피시며,
주의 귀는 부르짖는 소리에 있다.
16. 여호와의 얼굴은 악한 일을 하는 자를 노려보시며,
그들의 기억을 이 땅에서 끊어버리신다.
17. 의인이 부르짖으면 주께서 들어 주시고,
그 모든 고통으로부터 건져 주신다.

18. 여호와께서는, 마음이 상한 사람에게 가까이 하시고,
영이 상한 자들을 구원해 주신다.
19. 의로운 사람에게는 고난이 많지만,
주께서는 그 모든 고난에서 그를 건져 주신다.
20. 뼈마디 하나하나 모두 지켜 주시니,
어느 것 하나도 부러지지 않는다.
21. 악인은 그 악함 때문에 끝내 죽음을 맞고,
의인을 미워하는 사람은,
반드시 마땅한 벌을 받을 것이다.
22. 여호와는 주의 종들의 목숨을 건져 주시니,
그를 피난처로 삼는 사람은,
누구나 형벌을 받지 않는다.

〈해석〉

시편 34편은 개인 감사시이며 교육적인 내용이 풍부하다. 알파벳 시편이지만 22 히브리어 자음 가운데 여섯 번째 글자가 없고 마지막 22절은 17번째 글자로 시작되는 특이한 시편이다.

8절의 '여호와의 선하심을 맛보아 알라'라는 것은 체험적인 신앙을 강조한 것이다. 이론으로 이해하는 것이 아니라 실제 행동하며 경험할 때 신앙은 비로소 힘이 되고 그 가운데 즐거움이 있는 것이다.

18절의 마음이 상한 사람이란 회개하는 마음이며 하나님께 마음 문을 열고 마음을 쏟아 놓는 사람을 가리킨다. 신실한 성도라도 이처럼 회개할 때도 있으며 때로는 고난을 당할 수도 있다. 그러나 신실한 사람이라면 절망하지 않고 하나님을 신뢰하면서 부르짖는 사람이요 하나님의 도우심을 경험하는 사람이다.

제2권

제42편

지휘자를 위하여. 고라 자손의 마스킬

1. 사슴이 시냇물을 간절히 바라듯이
   하나님이여,
   제 영혼이 주를 간절히 바라옵니다.
2. 제가 언제나
   '살아계신 하나님께 가서
   하나님 앞에 자신을 보일까'하며
   제 자신이 목말라 합니다. 하나님!
3. 사람들이 '네 하나님이 어디 있느냐'라고
   종일토록 제게 말하니
   제 눈물이 밤낮으로 제게 음식이 되었습니다.
4. 기쁜 소리와 감사의 찬양으로 순례절을 지킨 것을,
   그리고 제가 전에 얼마나 열심히 하나님의 전에
   그들을 인도하였는지,
   이것들을 기억하면서
   제 영혼을 제 속에 쏟아 붓습니다.[52]
5. 나의 영혼아 어찌하여 내 안에서 불안하여하는가?
   너는 하나님께 희망을 두라.
   참으로 다시금 주를 찬양하리니

52_ 영혼을 자신 속에 쏟아 붓는다는 표현은 마음 속으로 고통을 견디는 것을 묘사하는 표현이다.

주께서 구원하실 것이기 때문이다.

6. 나의 하나님이여 내 영혼이 내 안에서 낙담되므로
내가 모든 요단 땅과 헤르몬산과
미살산에서 당신을 기억합니다.

7. 당신의 폭포소리에
깊음이 깊음에게 서로 부르며
당신의 모든 파도와 물결이
나를 휩쓸었습니다.

8. 낮에는 여호와께서 인자를 명령하시고
밤에는 그의 노래가 나와 함께 있으며
내가 생명의 하나님께 기도하도다.

9. 나의 반석이신 하나님께 내가 말하기를
"어찌하여 나를 잊으셨나이까?
어찌하여 대적의 압제로 내가 울면서 다녀야 합니까?"
하리라.

10. 내 뼈에 깊은 상처를 입히듯이
내 대적이 나를 조롱함이여
종일토록 내게
'네 하나님이 어디 있느냐' 말하는구나.

11. 나의 영혼아 어찌하여 내 안에서 불안하여하는가?
너는 하나님께 희망을 두라.
참으로 다시금 주를 찬양하리니
하나님께서 구원하실 것이기 때문이다.

〈해석〉

개인탄원시인 42편은 탄원(1-4절)과 후렴(5절), 탄원(6-10절)과 후렴(11절)으로 반복되는 구조가 나타난다. 그런데 동일한 후렴이 43편 5절에도 반복되는 것으로 보아 42편과 43편은 하나의 시편인데 후대에 인위적으로 두 편으로 나누어진 것으로 짐작된다.

이 시편의 시인은 큰 불행을 당한 것으로 짐작되는데 아마도 병으로 인해 순례 행렬에 참여할 수 없는 상황인 것으로 짐작된다. 시인은 하나님께 탄원하면서 "어찌하여 나를 잊으셨나이까? 어찌하여 대적의 압제로 내가 울면서 다녀야 합니까?"(9절) 하면서 하나님께 질문하였다. 이러한 질문 가운데, 이러한 탄원 가운데 시인은 하나님께서 여전히 자신과 함께 하고 계신다는 확신을 느끼면서 오히려 하나님을 찬양하는 모습으로 나타난다. 반복되는 후렴구가 바로 이러한 믿음과 찬양을 보여주는 것이다.

제43편

1. 하나님이여 저를 판단 하소서
경건하지 않는 나라에 대하여
제 송사를 변호 하소서
속이며 불의한 자에게서 저를 건지소서
2. 참으로 주는 제 피난처이신 하나님이십니다.
어찌하여 저를 버리십니까?
어찌하여 대적의 압제 때문에
제가 울면서 다니야 합니까?[53]
3. 주의 빛과 주의 진리를 보내셔서
그들이 나를 인도하게 하소서
그들이 나를 주의 거룩한 산,

53_ 2절은 42편 9절과 흡사한 면이 있다.

주님의 처소로 데려가게 하소서
4. 그러므로 제가 하나님의 제단
곧 제 기쁨과 즐거움이신 하나님께 나아가게 하셔서
내가 수금으로 당신을 찬양하게 하소서
하나님이여 나의 하나님이여
5. 나의 영혼아 어찌하여 내 안에서 불안하여하는가?
너는 하나님께 희망을 두라.
참으로 다시금 주를 찬양하리니
하나님께서 구원하실 것이기 때문이다.

〈해석〉

42편과 연속되는 시편인 43편은 하나님께 간구하는 내용과 약속하는 서원을 담고 있다. 특히 하나님의 빛과 진리를 강조하면서 그 빛과 진리로서 인도해 주시기를 간청하였다. 마지막 감사와 찬양은 어려움을 이길 힘을 주시는 하나님을 찬양하는 것이다.

제46편

고라 자손의 노래. 지휘자를 따라 알라못에 맞춘 노래[54]

2. 하나님은 우리의 피난처요 힘이시며,
환난 때마다 만나주시는 도움이시다.
3. 그러므로 우리는 두려워하지 않는다.
땅이 변하든가 산이 바다 가운데서 흔들릴지라도.

54_ '알라못'이란 음악 용어인데 아마도 젊은 여인들의 목소리인 소프라노로 노래하라는 지시어로 짐작된다.

4. 바닷물이 소리를 내면서 거품을 내뿜고
산들이 바다의 소동과 더불어 크게 요동을 쳐도
우리는 두려워하지 않을 것이다. 셀라
5. 한 강이, 그 줄기들이
하나님의 성을 즐겁게 하도다.
지극히 높으신 분의 처소들 가운데 가장 거룩한 곳을.
6. 하나님께서 그 가운데 계심으로
그 성이 흔들리지 않는다.
하나님께서 동틀녘에 그 성을 도우시도다.
7. 민족들이 소란하고 왕국들이 흔들렸구나,
주님께서 그의 목소리로 호령하시면
땅이 녹아날 것이다.
8. 만군의 여호와께서 우리와 함께 하심이요,
야곱의 하나님이 우리의 요새이기 때문이라. 셀라
9. 가서 보라! 여호와께서 하신 일을.
땅을 황무지로 만드셨도다.
10. 땅 끝까지 전쟁들을 쓸어버리심이여,
활을 꺾고 창을 부수며 수레를 불사르신다.
11. 조용히 하라. 내가 하나님임을 알아라.
열방들 가운데서 내가 높으며,
땅에서 내가 높으니라.
11. 만군의 주님이 우리와 함께 하심이요,
야곱의 하나님이 우리의 요새시라. 셀라.

제51편

지휘자를 위하여. 다윗의 시. 다윗이 밧세바와 동침한 후 예언자 나단이 그에게 왔을 때

1. 하나님이여 주의 인자를 따라 제게 은혜를 베푸시며
   주의 많은 긍휼을 따라 제 죄악을 지워 주소서.
2. 저의 죄악으로부터 저를 말끔히 씻으시며
   저의 죄로부터 저를 깨끗게 하소서
3. 참으로 저는 저의 범죄를 아오니
   저의 죄가 항상 제 앞에 있습니다.
4. 주님께, 오직 주께만 대항하여 제가 범죄하였고
   주의 목전에서 악을 행하였습니다.
   그리하여 주께서 말씀하실 때에 의로우시며
   주님의 공의는 흠잡을 것이 없습니다.
5. 보십시오, 제가 죄악 중에서 출생했으니
   죄 중에서 어머니가 저를 임신했습니다.
6. 보십시오, 주께서는 중심이 진실함을 원하시며
   제게 비밀한 곳의 지혜를 가르치십니다.
7. 우슬초로 나를 정결하게 하소서.[55]
   제가 정하리이다.
   저를 씻기셔서 눈보다 희게 하소서.
8. 즐겁고 기쁜 소리를 들려 주시사
   주께서 부수신 뼈들도 즐거워하게 하소서.[56]

55_ 우슬초는 건조한 곳에서 자라나는 식물이며 가는 잎과 줄기들을 묶어 물이나 피를 적셔 바르는데 사용한다.

56_ '주께서 부수신 뼈'란 심하게 어려움을 겪는 모습을 표현한 것이다. 고통을 하나님께서 주신 것으로 믿고 달게 받을 수 있게 해 달라는 기도를 하는 것이다.

9. 주의 얼굴을 저의 죄에서 숨기시고
저의 모든 죄악을 지워 주소서.
10. 하나님이여 정결한 마음을 창조하시고
제 속에 정직한 영을 새롭게 하소서.
11. 저를 주 앞에서 쫓아내지 마시며
주의 성령을 거두어 가지 마소서.
12. 주의 구원의 즐거움을 회복시켜 주시고
자원하는 영이 저를 붙들게 하소서.
13. 저로 범죄자에게
주의 길을 가르치게 하여
죄인들이 주께 돌아오게 하소서.
14. 하나님이여 나의 구원의 하나님이여
피 흘린 죄에서 구하소서
제 혀가 주의 의를 기뻐 외칠 것입니다.
15. 주여 제 입술을 열어 주소서
제 입이 주를 찬송하여 전파하겠습니다.
16. 참으로 주께서는 제가 드리는 화목제를
기뻐하지 않으십니다.
주께서는 번제를 기뻐하지 않으십니다.
17. 하나님께서 구하시는 제사는 부서진 영이라.[57]
깨지고 부서진 마음을
하나님께서 멸시하지 아니하십니다.
18. 주의 은택으로 시온에 선을 행하시고
예루살렘 성을 쌓으소서
19. 그 때에 주께서 의로운 제사와 번제

57_ '부서진 영'이란 죄를 뉘우치고 회개하는 마음을 가리킨다.

곧 온전한 번제를 기뻐하시리니
그 때에 그들이 주의 제단에
수소를 올릴 것입니다.

〈해석〉

시편 51편은 대표적인 개인탄원시이며 참회시로 알려져 있다. 전통적으로 교회에서는 7편의 시편을 참회시로 인정하여 왔다(시편 6, 32, 38, 51, 102, 130, 143편). 51편의 내용은 아래와 같이 구성되어 있다.

I. 죄의 고백과 용서를 간청함	1-5절
II. 죄에서의 구원과 회복을 간구	6-12절
III. 서원과 찬양	13-19절

하나님께 죄를 용서받기 위해서는 우선 범죄에 대한 뉘우침이 있어야 한다. 그리고 하나님께 죄를 고백하면서 용서를 구해야 하는데 이 때 죄를 씻어달라는 표현을 사용한다. 그런데 레위기에 보면 죄인을 씻는 것이 아니라 죄로 인해 오염된 성전을 깨끗하게 하는 절차를 발견할 수 있다.

죄를 용서받기 위해 드리는 속죄제의 경우 희생제물의 피를 성전에 바르고 뿌리는 절차가 있다. 이 절차의 의미는 성전을 청결하게 한다는 의미가 들어 있는 것이다. 사람이 죄를 지으면 하나님이 거주하시는 집인 성전이 오염되고 그 안에 계시는 하나님이 불편해지신다는 원리가 있다. 즉 자녀가 범죄하면 부모의 마음이 무너지듯이 사람의 범죄는 하나님의 고통이 된다는 것이다. 속죄제는 결국 죄로 인해 오염된 성전을 다시 깨끗하게 하여 하나님께서 성전에 편안히 계시도록 한다는 원리가 담겨져 있는 제사이다.

죄를 용서받는 것은 전적으로 하나님의 은혜이다. 1절의 "긍휼"이라는 단어는 아기를 향한 어머니의 무조건적인 사랑을 묘사하는 단어로서 이러한 사랑이 있기에 용서가 가능한 것이다.

5절은 설명이 필요한데 원죄를 가리키는 것이 아니다. 이 세상에 죄가 너무나도 널리 퍼져있고 가득 차 있음을 탄식한 말이다.

또한 제사에 대해서도 설명이 필요하다. 51장에서 나타나는 화목제와 번제는 감사제사이다. 그런데 죄인은 속죄제를 드려서 죄 문제를 먼저 해결 받은 후에 감사제사를 드리는 것이 순서인데 죄 문제를 해결하지 않고 감사제사만 드린다면 하나님께서 기뻐하실 리가 없다. 따라서 제사를 드리는 우선순위에 대해서 이야기 하는 것이지 하나님께서 제사 자체를 거부하시는 것이 아니다.

죄를 용서 받은 후에는 정결한 삶을 또한 살아가야 한다. 이 때 자신을 씻는 의식이 필요하다. 우슬초로 정결하게 해 달라는 것은 죄를 씻는 것이라기 보다 정결의식을 통해 새로운 삶을 살아가도록 해 주시기를 바란다는 뜻이다. 새로운 삶의 방식은 하나님을 찬송하는 것이며, 죄인들이 주님께 회개하고 돌아올 수 있도록 그들을 가르치며 인도하는 사명을 감당하는 삶이다.

제53편

다윗의 마스길[58], 지휘자를 위하여 마할랏에 맞춘 노래[59]

1. 어리석은 자는 그의 마음에
'하나님은 없다'고 말한다.

58_ '마스길'이란 '교훈'이란 뜻이다.

59_ '마할랏'이란 음악 용어 중 하나인데 그 의미는 정확히 알 수 없다.

그들은 타락하여 불의로 가증하니
선을 행하는 자가 없다.
2. 하나님께서 하늘에서 사람을 내려다 보신다.
분별력이 있는자
곧 하나님을 찾는 자가 있는가 보시려고
3. 모두 치우쳤고 함께 부패하여
선을 행하는 자가 없으니 하나도 없다.
4. 죄악을 행하는 모든 자는
떡 먹듯이 내 백성을 먹으면서
여호와를 부르지 않는다는 것을 알지 못하느냐?
5. 거기서 그들은 두려워하고 두려워하였으나
그런 두려움이 없었다.
왜냐하면 하나님께서
네 진의 뼈들을 흩으시기 때문이다.
네가 부끄럽게 될 것이니
이는 하나님께서 그 뼈들을 미워하셨기 때문이다.
6. 누가 시온으로부터 이스라엘의 구원을 줄 것인가?
하나님께서 그의 백성을
포로된 곳에서 돌이키실 때에
야곱이 즐거워하고 이스라엘이 기뻐할 것이다.

〈해석〉

53편은 14편과 거의 동일하다. 차이나는 부분은 표제에 약간 차이를 보이고 14편은 '여호와'라고 부르는 반면 53편은 '하나님'이라 부르는 차이가 있다. 많이 차이나는 부분은 14편 5-6절이 53편 5절에 통합되어 있는 부분인데 내용도 차이를 보이고 있다.

또 다른 차이는, 14편은 악한 자들이 3인칭으로 혹은 2인칭으로 나타나지만 53편은 이러한 불협화음을 제거하고 전체적으로 일관성 있게 '그들'이 하나님의 백성을 학대하는 집단으로 이끌어가고 있다는 점이다. 이러한 차이는 14편을 사랑하고 찬양하며 전승했던 공동체와 53편을 찬양했던 공동체의 차이가 있었기 때문으로 해석할 수 있다.

53편 가운데 주목할 만한 장면은 하나님께서 자신을 찾는 사람이 있는지 살피시고 계신다는 장면이다. 하나님을 찾는 사람이란 하나님의 뜻을 알기 위해 성경을 읽고 깊이 생각하는 사람을 가리키며, 하나님과 대화하기 위해 기도하고 질문하는 사람을 가리킨다.

오늘도 하나님은 하늘에서 "하나님을 찾는 자"가 있는지 살피고 계신다. 그러한 사람을 발견한다면 하나님은 무척 반가와 하실 것이다. 그것이 나라면 나에게는 큰 축복이 될 것이다. 이사야 예언서에는 하나님을 찾는 것을 격려하는 다음과 같은 구절이 있다.

> 너희는 야훼를 만날만한 때에 찾으라.
> 가까이 계실 때에 그를 부르라. (사 55:6)

제62편

지휘자를 따라 여두둔에 맞춘 다윗의 시[60]

1. 오직 내 영혼이 잠잠히 하나님만을 기다림은
   나의 구원이 그로부터만 나오기 때문이다.
2. 오직 그 분만이 나의 반석, 나의 구원이시니

60_ '여두둔'이란 다윗 왕실 음악가들 중 한 사람이다. 아마도 여두둔이 이끄는 성가대를 가리키거나 혹은 특정한 곡조를 가리키는 지시어로 짐작된다.

내가 크게 흔들리지 않을 나의 요새이시라.

3. 너희가 언제까지 사람을 공격하려느냐?
   기울어 가는 담과도 같고
   무너지는 돌담처럼 살해될 것이다.
4. 오직 그들은 그를
   그 높은 자리에서 떨어뜨릴 궁리만 하고,
   거짓말만 즐겨 한다.
   그들이 입으로는 축복하나
   속으로는 저주로구나. 셀라
5. 오직 내 영혼이 잠잠히 하나님만을 기다림은
   참으로 나의 희망이 그로부터만 나오기 때문이다.
6. 오직 그 분만이 나의 반석, 나의 구원이시니
   내가 크게 흔들리지 않을 나의 요새이시라.
7. 하나님께 내 구원과 영광이 있고
   내 힘의 반석과 내 피난처도 하나님 안에 있다.
8. 백성아, 언제나 그만을 의지하라.
   그 앞에 너희의 마음을 쏟아라.
   하나님은 우리의 피난처시다. 셀라
9. 오직 인간은 입김에 지나지 아니하고,
   사람들은 거짓되니
   그들을 모두 다 저울에 올려놓아도
   입김보다 가벼울 것이다.
10. 억압하는 힘을 의지하지 말고,
    빼앗아서 무엇을 얻으려는 헛된 희망을 갖지 말며,
    재물이 늘어나더라도
    거기에 마음을 두지 말아라.

11. 한 번 하나님께서 말씀하셨을 때에,
두 번 내가 이것을 들었으니
참으로 힘은 하나님의 것이라는 것이다.
12. 인애는 주님 당신의 것이오니
참으로 주님께서는 각 사람에게
그가 행한 대로 갚아 주십니다.

〈해석〉

시편 62편의 특징은 마지막 까지 하나님을 향한 기도가 없고 오직 간증과 교훈으로 채워져 있다는 것이다. 그래서 이 시편은 시편 23편과 같이 하나님을 신뢰하는 '신뢰의 시편'에 속한다.

이 시편에는 반복되는 구절이 있다. 1-2절과 5-6절인데 핵심은 잠잠히 하나님만 바라고 그 분에게 의지하며 기대하라는 것이다. 왜냐하면 그 분이 산성과 같이 든든하며 피난처가 되실 수 있기 때문이다. 현대인들은 돈을 의지하며 자신의 실력과 건강을 의지한다. 그러면서 불안에 벗어나지 못하고 있다. 그러나 신앙인은 하나님을 먼저 바라보고 하나님과 팀을 이루어 무엇인가를 이루려고 한다.

주목할 만한 습관이 있는데 그것은 하나님께서 한 번 말씀하시는 것을 두 번이나 반복해서 듣는 습관이다(11절). 하나님을 만날 때 내가 말하기보다 들을 수 있는 귀가 있다면 그것도 반복해서 들을 수 있다면 분명 그 사람은 희망 있는 사람이다.

제63편

다윗의 시. 유다 광야에 있을 때에

1. 하나님, 주님은 나의 하나님입니다.
제가 주님을 애타게 찾습니다.
제 영혼이 주님을 찾아 목이 마르고,
이 몸도 주님을 열망합니다.
물기 없는 땅, 메마르고 황폐한 땅에서처럼
2. 주님의 권능과 주님의 영광을 보려고
제가 성소에서 주님을 바라봅니다.
3. 참으로 주님의 한결같은 사랑이 생명보다 더 소중하기에,
제 입술로 주님을 칭송합니다.
4. 그렇게 제가 주님을 제 삶 속에서 찬양하기 위해
제가 손을 들어서 주님의 이름을 찬양합니다.
5. 우유와 기름진 것으로 배불리 먹은 듯이
제 영혼이 만족하니,
제가 기쁨에 가득 찬 입술로 주님을 찬양합니다.
6. 잠자리에 들어서도 주님만을 기억하고
밤을 새우면서도 주님을 묵상합니다.
7. 이는 주님께서 나를 도우셨기에
이제 주님의 날개 그늘 아래에서
즐거이 노래하기 때문입니다.
8. 이 몸이 주님께 매달리니,
주님의 오른손이 저를 붙잡아 주십니다.
9. 그러나 저를 죽이려고 노리는 자는
땅 아래 깊은 곳으로 떨어질 것이다.
10. 그들은 칼잡이에게 넘겨져서,
여우들의 몫이 될 것이다.
11. 그러나 왕은 하나님을 기뻐하며,

하나님의 이름으로 맹세하는 사람들은
거짓말을 하는 자들의 입이 막힐 때
자랑할 것입니다.

〈해석〉

하나님의 사랑이 생명보다 소중하다고 고백하면서 하나님을 찬양하고 있다. 또한 메마른 광야에서 갈증에 허덕이듯이 하나님을 갈망하고 원하는 모습도 보이고 있다. 또한 낮에도 밤에도 하나님을 생각하고 묵상하는 이러한 사람은 단순히 하나님을 섬기는 사람이 아니라 하나님과 더불어 살고 싶어하는 사람이요 연애하듯이 하나님을 원하는 사람이다.

신앙은 어떤 지식을 이해하는 수준이 아니라 체험의 수준에 있다. 이처럼 하나님을 체험하고 또 체험하고 싶어 하는 열정이 있을 때 진정 깊이 있는 신앙인이 될 수 있을 것이다.

제3권

제73편

아삽의 노래

1. 참으로 하나님은 정직한자를 선하게 대하시며
   마음이 정결한 자에게 하나님은 그러하시다.
2. 나는 거의 실족할 뻔하였고

내 걸음걸이가 무너질 뻔하였다.

3. 왜냐하면, 내가 오만한 자를 질투하였으며
내가 악인의 형통함을 보았기 때문이다.

4. 왜냐하면, 그들은 죽을 때에도 고통이 없고
그들의 신체는 살쪄있기 때문이다.

5. 인생의 고생이 그들에게는 없으며
여느 사람 같은 고난을 그들은 당하지 않도다.

6. 그러므로 교만이 그들의 목걸이요
포악이 그들을 옷같이 둘렀다.

7. 그들의 눈은 살찜으로 불거지며
마음이 상상하는 바는 지나치기만 하다.

8. 그들은 조롱하여 악하게 말하며
거만하게 압제하며 말한다.

9. 그들은 그들의 입은 하늘에 두고
그들의 혀는 땅을 다니는 도다.

10. 그러므로 그의 백성이 이리로 돌아올 때
가득 찼던 물이 그들에 의해 말라버렸다.

11. 그리고 말하기를
"하나님이 어찌 알겠는가?
높으신 하나님에게 지식이 있겠는가?[61]

12. 보라 이들이 악인들이다.
영원히 평안을 누리고 재물이 더욱 많아지는구나.

13. 참으로 내 마음을 께끗게 하며
내손을 씻어 무죄하다 하는 것이 헛되니

14. 나는 종일 매 맞으며

61_ '높으신 하나님'은 하나님의 또 다른 이름인 '엘욘'을 번역한 것이다.

아침마다 징계를 받는다.

15. 내가 만일
"내가 그와 같이 말하리라" 말하였다면
보라! 내가 당신의 아들의 세대를
배신하는 것이었을 것이다.

16. 어떻게 하면 이것을 이해할까?
내가 궁리하였지만
그것은 내 눈에 어려운 일이라.

17. 내가 하나님의 성소에 들어갈 때에야
비로소 그들의 장래를 깨달았다.

18. 참으로 당신은 그들을
미끄러운데 두셨으며
파멸에 던지셨습니다.

19. 저희가 어찌 그리 졸지에 황폐되었는가!
그들이 놀람으로 완전히 전멸하였습니다.

20. 자다 깬 그 꿈과 같이
주님께서 일어날 때
주께서 그들의 환상을 멸하실 것입니다.

21. 참으로 내 마음이 산란하고
제 콩팥이 찔리는 듯이 아파도

22. 저는 이같이 어리석고 아는 것이 없어
주 앞에 짐승과 같았습니다.

23. 그러나 저는 항상 주와 함께 할 때
주께서 제 오른손을 붙드셨습니다.

24. 주의 교훈으로 저를 인도하시고
후에는 영광으로 저를 취하실 것입니다.

25. 하늘에서는 주 외에 누가 제게 있겠습니까?
땅에서는 제가 사모할 이가 주 밖에 없습니다.
26. 제 육체와 마음은 쇠약하나
하나님은 제 마음의 반석이시오
영원한 제 몫입니다.
27. 참으로 주를 멀리하는 자는 망하리니
음녀 같이 주를 떠난 자를 주께서 다 멸하셨습니다.
28. 하나님께 가까이 함이 제게 복이라.
제가 주 여호와를 제 피난처로 삼고
주의 모든 일을 전할 것입니다.

〈해석〉

시편 73편은 제3권을 시작하는 시편으로 개인감사시에 속한다. 이 시편에서는 세상에서 횡행하는 악과 악한 자에 대한 고민을 토로하면서 정말 하나님께서 통치하시는 것이 맞는 말인가라는 의문을 제기하고 있다. 결론은 악인은 멸망당한다는 것이며 하나님의 통치가 굳건하다는 것으로 끝맺고 있다.

악인이 형통하고 잘 사는 모습을 보면서 실망하여 주저앉고 싶은 마음이지만 성전에 들어갈 때(17절) 새로운 깨달음을 얻었다. 성전이란 신앙공동체를 가리키는 또 다른 말이기도 하다. 개인의 깨달음이 아니라 신앙공동체 속에서의 깨달음 이기에 신앙공동체의 중요성이 강조 되어 있다.

성전에서, 악인의 번영이란 허상에 불과하며 잠시 기다리다가 졸지에 떨어져 망하는 일이 일어난다는 사실을 보았던 것이다. 즉 하나님께서 악을 통제하고 있다는 사실을 확인한 것이다.

마지막에는 결단과 각오가 나타나는데 이 땅에서 다른 것을 의지하지 않고 하나님께 기대를 걸고 하나님께 희망을 두겠다고 다짐한다.

제84편

고라 자손의 시. 지휘자를 위하여 깃딧에 맞춘 노래

1. 만군의 여호와여
   주의 장막이 어찌 그리 사랑스러운지요
2. 제 영혼이 여호와의 뜰을 사모하여 쇠약함이여
   제 마음과 육체가 살아 계시는 하나님께 부르짖습니다.
3. 만군의 여호와여
   주의 제단에서 참새도 제 집을 얻고
   제비도 새끼 둘 보금자리를 찾습니다.
   나의 왕, 나의 하나님이시여
4. 복되도다! 주의 집에 사는 자들이여!
   그들이 항상 주를 찬송합니다. 셀라
5. 복되도다! 주께 힘을 얻고
   그 마음에 큰 길이 있는 자여!
6. 그들이 눈물 골짜기로[62] 지나갈 때에
   그 곳을 샘터로 만들리니
   이른 비가 못을 이루어 그것을 덮을 것입니다.[63]

62_ 히브리어 성경에서는 6절에 "바카 골짜기"로 되어 있는데 그 정확한 위치를 알 수는 없다. 아마도 물 없는 사막의 골짜기로 추정된다. 따라서 바카 골짜기는 고통스럽게 걸어 가야하는 골짜기인 것이다. "눈물 골짜기"라는 번역은 헬라어 번역(LXX)을 따른 것이다.

63_ "이른 비"는 가을 추수 절기인 장막절 계절에 내리는 비로 순례자가 장막절을 지키러 성전으로 순례하러 떠났음을 알 수 있다.

7. 그들은 힘을 얻고 더 얻어
나아가 시온에서 하나님께 나타날 것입니다.
8. 만군의 하나님 여호와여
나의 기도를 들으소서
야곱의 하나님이여 귀를 기울이소서. 셀라
9. 우리 방패이신 하나님이여
주께서 기름 부으신 자의 얼굴을 살펴 보소서
10. 참으로 주의 뜰에서의 한 날이
다른 곳에서의 천 날보다 좋아서
악인의 장막에 사는 것보다
나의 하나님 집의 문지기로 있는 것을 택했습니다.
11. 참으로 여호와 하나님은 해요 방패시라
여호와께서 은혜와 영광을 주시며
정직하게 걸어가는 자들에게
좋은 것을 아끼지 아니하십니다.
12. 만군의 여호와여!
복되도다! 주께 의지하는 사람이여!

〈해석〉

이 시편은 시온시편으로 순례자가 예루살렘 성전 앞에 도착하여 부른 노래이며 순례 길의 어려움과 감격을 회상하며 성전에 도착한 감격을 노래한 것이다.

순례자는 '여호와의 뜰을 사모하여 쇠약함이여'라면서 성전에 가서 하나님을 만나려는 마음이 너무도 지극하다는 마음을 토로하고 있다. 심지어 새들이 성전에서 보금자리를 만들어 안식하고 만족을 맛보는 것을 부러워하면서 순례자도 성전에서 안식하며 만족하기를 소원하고 있다.

수네 여행길은 순탄치 않다. 사막같은 길을 걷기도 하고, 산을 오르고 물 없는 계곡을 지나면서 밤의 추위와 뜨거운 태양을 견뎌내야 했다. 드디어 성전에 도착한 순례자는 먼저 지도자인 왕을 위해 기도를 드리는데 이것은 왕이 공동체의 지도자이기 때문이다. 결국 공동체를 위해 기도를 드린 것이다.

악인의 장막에 사는 것보다 하나님 집의 문지기로 있는 것을 택했다는 것은 정말 행복이 어디 있느냐는 질문에 대답한 것이다. 인생을 살아가면서 어디서 무엇을 하며 살 것인가 하는 기본적인 질문에 대답한 것이다. 하나님과 연결되는 삶이 무엇보다 행복을 보장해준다는 신앙인의 고백이다.

제4권

제90편

하나님의 사람 모세의 기도

1. 주님, 당신께서는
   대대로 우리의 거처이셨습니다.
2. 산들이 태어나기 전에,
   당신께서 땅과 세상을 낳기 전에,
   영원부터 영원까지, 당신은 하나님이십니다.
3. 주께서는 사람을 티끌로 돌아가게 하시고

"인생들아, 돌아가라" 하고 말씀하십니다.

4. 주님 앞에서는 천년이 지나간 어제와 같고,
밤의 한 순간과도 같습니다.
5. 주께서 그들이 잘 때 쓸어버리시니
마치 아침에 돋는 한 포기의 풀과 같습니다.
6. 아침에는 잠시 돋아나서 꽃을 피우다가도,
저녁에는 시들어서 말라 버립니다.
7. 참으로 주께서 노하시면 우리 삶이 끝이 나고,
주께서 노하시면 우리는 스러지고 맙니다.
8. 주께서 우리 죄를 주님 앞에 내놓으시니,
우리의 숨은 죄가 주님 앞에 환히 드러납니다.
9. 참으로 주께서 노하시면, 우리의 일생은 사그라지고,
우리의 해들이 탄식으로 끝이 납니다.
10. 우리의 연수가 칠십이요 강건하면 팔십이라도,
그 연수의 자랑은 고생과 죄악이요
참으로 빠르게 지나가니,
마치 날아가는 것 같습니다.
11. 누가 주의 분노의 힘을 알고
주의 진노가 가져 올 두려움을 알 수 있겠습니까?
12. 우리에게 우리의 날을 세는 것을 가르쳐 주셔서
지혜의 마음을 얻게 해주십시오.
13. 여호와여, 돌아와 주십시오.
언제까지입니까?
주의 종들을 위로해 주십시오.
14. 아침에, 주의 인애로 채워주셔서
우리의 평생 동안 기뻐하고 즐거워하도록 하십시오.

15. 우리를 괴롭게 하신 날 수만큼,
우리가 재난을 경험한 햇수만큼,
우리에게 즐거움을 주십시오.
16. 주의 종들에게 주께서 하신 일을 보이시며,
그 자손에게는 주의 영광을 보여 주십시오.
17. 주 우리 하나님의 은혜가 우리에게 있어,
우리의 손으로 하는 일이 틀림이 없게 하여 주십시오.
우리의 손으로 하는 일이 틀림이 없게 하여 주십시오.

〈해석〉

시편 90편은 시편 제4권을 시작하는 첫 번째 시편이며 유일한 "모세의 기도"다. 모세는 이스라엘을 노예의 땅 이집트에서 구출하여 약속의 땅으로 인도한 위대한 지도자였지만 한 번이 실수로 약속의 땅 가나안으로 들어가지 못했다. 요단강 건너편 약속의 땅을 멀리 바라보면서 느보산 위에서 홀로 숨을 거두어야 했던 모세였다.

이 시편은 모세가 평생을 돌아보며 시간에 대해, 사람의 삶이라는 한계 있는 시간에 대해 자신의 심경을 토로하며 하나님께 기도한 것이다. 90편의 흐름을 분석해보면 다음과 같이 세 가지 질문을 염두에 두고 전개되고 있음을 발견할 수 있다.

I. 하나님은 누구이신가?	1-2절
II. 우리는 누구인가?	3-11절
III. 어떻게 살아야 하는가?	12-17절

하나님 자신이 우리의 가정이요 삶의 터전이라는 고백은 우리의 평생이 하나님과 연결되어 있다는 고백이기도 하다. 그러나 평생의 시간은 찰나에 불과할 뿐이라는 시간의 한계를 고백하기도 한

다. 사람은 티끌이지만 찰나에 불과하지만 그 순간에도 어떻게 살아야할 지를 고민해야 한다. 나 혼자 모든 것을 할 생각을 버리고 하나님과 함께 팀을 이루어 해 나갈 궁리를 해야 하는 것이다. 따라서 하나님께 부르짖기도 하고 하나님께 복을 달라고 간청하기도 하면서 살아가는 것이라 말하고 있다. 성공적인 삶, 행복한 삶, 보람있는 삶을 살기 원한다면 하나님께 말씀드려서 그러한 삶을 살 수 있도록 만들어야 할 것이다.

제95편

1. 오라 우리가 여호와께 노래하며
   우리 구원의 반석을 향하여 즐거이 외치자
2. 우리가 감사함으로 그 앞에 나아가며
   찬양하며 그에게 즐거이 노래하자
3. 참으로 여호와는 크신 하나님이시오
   모든 신들보다 크신 대왕이시다
4. 땅의 깊은 곳이 그의 손 안에 있으며
   산들의 높은 곳도 그의 것이다
5. 바다도 그가 만드셨으니 그의 것이고
   육지도 그의 손으로 지으셨으니 그의 것이다.
6. 오라 우리가 굽혀 경배하자.
   우리를 지으신 여호와 앞에 무릎을 꿇자
7. 참으로 그는 우리의 하나님이시오
   우리는 그가 기르시는 백성이며
   그의 손이 돌보시는 양이라.
   너희가 오늘 그의 음성을 들어야 한다.

8. 너희는 므리바에서와 같이
또 광야의 맛사에서 지냈던 날과 같이
너희 마음을 뻣뻣하게 하지 말라.[64]
9. 그 때에 너희 조상들이 나를 시험했으니
내가 행한 일을 보고서도 나를 시험하였다.
10. 내가 사십 년 동안
그 세대를 싫어하여 이르기를
'그들은 마음이 미혹된 백성이라
내 길을 알지 못한다' 하였다
11. 그러므로 내가 노하여 맹세하기를
그들은 내 안식처에 들어오지 못하리라 하였다

〈해석〉

감사와 찬양으로 하나님 앞에 나아가자고 권하는 시편인데 창조주 하나님을 찬양하고 창조주의 백성이 바로 자신들임을 고백하고 있다. 따라서 하나님 앞에 나아가 경배하며 그 분의 말씀을 듣고 따를 것을 권하고 있다.

아침 찬양으로 많이 불리어졌던 시편인데 내용을 보면 열정적인 예배로 초대하고 있다. 다만 광야에서 하나님의 명령을 따르지 않은 사건을 회상시키면서 지금 여기서는 온전히 하나님의 백성으로서 하나님을 마음껏 찬양하자고 권한다.

64_ 이스라엘 백성이 이집트를 탈출해서 광야를 지날 때 맛사와 므리바에서 하나님의 뜻을 어기고 거역하여 형벌 받은 역사가 있었다. 맛사와 므리바 사건에 대해서 기록된 부분들은 다음과 같다; 출애굽기 17:7; 민수기 20:1-13; 신명기 6:16; 9:22; 시편 81:7.

제99편

1. 여호와께서 통치하심이여
   백성들이 떨고 있구나.
   그룹 사이에 좌정하심이여
   땅이 진동하는 구나
2. 여호와께서 시온에서 위대하심이여
   모든 백성 위에 높으시도다.
3. 위대하고 두려운 당신의 이름을 찬송할지어다.
   그 분은 거룩하시도다.
4. 왕의 능력은 공의를 사랑하는 것이라.
   당신은 정직을 세우셨고
   당신은 야곱 가운데서 공의와 정의를 행하셨습니다.
5. 여호와 우리 하나님을 높여라.
   그의 발등상 앞에서 경배하라.
   그 분은 거룩하시도다.
6. 제사장 중에는 모세와 아론이요
   그의 이름을 부르는 자 중에는 사무엘이라.
   그들이 여호와께 부르짖으니 그가 응답하셨도다.
7. 하나님께서 구름기둥에서 말씀하심이여
   그들이 그 주신 증거와 율례를 지켰도다.
8. 여호와 우리 하나님이시여
   당신께서 그들에게 응답하셨습니다.
   그들에게는 용서하시는 하나님으로 임하셨으나
   그들이 잘못한 것에 대해서는 복수하셨습니다.
9. 여호와 우리 하나님을 높여라.
   그의 거룩한 산에서 경배하라.

참으로 여호와 우리 하나님은 거룩하시도다.

〈해석〉

시편 99편은 찬양시로서 왕이신 여호와 하나님을 찬양하고 있다. 하나님은 어디나 계실 수 있지만 예루살렘 성전에 계신 하나님을 찬양하는데 성전 가장 깊은 곳에 있는 지성소에 계신 하나님을 찬양하고 있다. '그룹 사이에 좌정하심이여'라는 구절은 하나님의 궤가 있는 지성소를 가리키는 것이다. 그룹이란 이 궤를 덮는 날개 달린 형상인데 거기에 하나님께서 좌정하신다고 믿었다. 이러한 신앙은 지금 여기 우리가 살고 있는 성 한 복판에 하나님이 계신다는 신앙이며 여기서 우리를 정의롭게 통치하신다는 신앙이다.

또 다른 하나님의 모습은 7절의 '구름기둥에서 말씀하심이여'라는 구절이다. 구름기둥은 광야에서 이스라엘 백성이 행진할 때 앞서서 인도하던 구름기둥인데 하나님의 움직임을 눈으로 볼 수 있는 상징이다. 그리고 낮에 제사를 드리면 연기기둥이 하늘로 올라가는데 그것도 구름기둥이라 부르기도 한다. 하나님께서 구름기둥에서 말씀하신다는 것은 제사(예배) 가운데 말씀하신다는 뜻이며 이동하시면서 말씀하신다는 뜻이기도 하다.

요약하면 이 시편은 예루살렘 성전에 계신 하나님을 찬양하며 예루살렘 성전 예배(제사) 가운데서 말씀하시는 하나님을 찬양하는 것이다. 이 시편 가운데는 모세와 제사장 아론과 예언자 사무엘이 백성의 지도자들로 나타난다. 이들의 지도력이 하나님께서 정의롭게 통치하시고 때로는 용서하시는 큰 역사를 돕는 중요한 역할을 하는 것으로 소개되어 있다.

제100편

감사의 시

1. 온 땅이여 여호와께 즐거운 찬송을 올려라.
2. 기쁨으로 여호와를 섬기며
   그 분 앞에 기뻐 외치며 나아오라.
3. 여호와 그 분이 하나님이신 줄
   너희는 알라.
   그 분이 우리를 지으셨으니 우리는 그 분의 것이며
   그의 백성이요 그의 기르시는 양이라.
4. 감사함으로 그 분의 문에 들어가며
   찬송함으로 그 분의 뜰에 들어가서
   그 분에게 감사하며 그 분의 이름을 송축하라.
5. 참으로 여호와는 선하시니
   그 분의 인자하심이 영원하고
   그 분의 신실하심이 대대에 이를 것이다.

〈해석〉

시편 100편은 전형적인 감사시이며 예배를 준비하는 준비 찬송에 속한다. 구체적인 광경을 살펴보면 이 시편은 성전 문에서 하나님이 계신 성전 뜰로 행진하는 입당송이라 할 수 있다. 그리고 이 시편은 감사시답게 독자들로 하여금 하나님 앞으로 나아가서 감사드리게 만드는 힘을 발휘한다.

시편 100편을 통해 알 수 있는 것은 예배는 기쁨의 예배라는 사실이다. 그리고 선하신 하나님을 부각시키면서 하나님에 의해 만들어진 모든 존재와 만물은 선하다는 메시지를 또한 전하고 있다.

제103편

다윗의 시

1. 여호와를 송축하라. 내 영혼아
   내 속에 있는 모든 것들아
   그의 거룩한 이름을 송축하라
2. 여호와를 송축하라. 내 영혼아
   그가 베푸신 모든 것을 잊지 말라.
3. 그 분이 네 모든 죄악을 사하시며
   네 모든 병을 낫게 하시며
4. 네 생명을 구덩이에서 구속하시고
   인자와 긍휼로 관을 씌우시며
5. 좋은 것으로 충분히 너를 만족케 하시니
   네 젊음이 독수리 같이 새롭게 될 것이다.
6. 여호와께서 억압 당하는 모든 자를 위하여
   의와 공의를 행하신다.
7. 그분은 모세에게 그분의 길을 알리시고
   이스라엘 자손에게 그 분이 행하신 일들을 알리신다.
8. 여호와는 긍휼이 많으시고 은혜로우시며
   오래 참으시고 인애가 크시며
9. 항상 꾸짖지는 않으시고
   영원히 노를 품지 않으시며
10. 우리의 죄를 따라 우리를 처벌하지는 아니하시며
    우리의 죄악을 따라 우리에게 갚지는 않으신다.
11. 참으로 하늘이 땅에서 높음 같이
    그를 경외하는 자에게 그의 인자하심이 크시며

12. 동이 서에서 먼 것 같이

우리의 죄과를 우리에게서 멀리 옮기셨으며

13. 아버지가 자식을 긍휼히 여김 같이

여호와께서는 자기를 경외하는 자를 긍휼히 여기신다.

14. 왜냐하면 그분이 우리가 어떻게 지어진 것을 아시며

우리가 먼지뿐임을 기억하시기 때문이다.

15. 인생은 그 날이 풀과 같으며

그들의 꽃처럼 꽃이 피나

16. 참으로 바람이 거기로 지나가면 없어지니

그 있던 자리도 다시 알지 못한다.

17. 그러나 여호와의 인자하심은

자기를 경외하는 자에게 영원부터 영원까지 이르며

그의 의는 자손의 자손에게 이르리니

18. 곧 그의 언약을 지키고

그의 법도를 기억하고 행하는 자들에게 있다.

19. 여호와께서 그의 보좌를 하늘에 세우시고

그의 왕권으로 모든 것을 다스리신다.

20. 여호와를 송축하라. 여호와의 천사들이여

여호와의 말씀을 듣고

그 분의 말씀을 행하는 힘찬 용사들아.

21. 여호와를 송축하라. 모든 천군이여

그분의 뜻을 행하며 그분을 섬기는 사람들이여

22. 여호와를 송축하라.

여호와의 지으심을 받은 이들아

그분이 다스리시는 모든 곳에 있는 너희여

여호와를 송축하라. 내 영혼아

〈해석〉

시편 103편에는 하나님을 섬기는 한 개인이 이제까지 받은 은혜를 일일이 회상하면서 찬양과 감사를 드리는 모습이 생생하게 그려져 있다. 이 시편은 마음이 헝클어져 있을 때, 병으로 힘들어할 때, 두려운 마음이 짓누를 때 조용히 읽으면 자기도 모르게 힘이 생기고 용기가 솟는 것을 경험할 수 있다. 자기 고백 형식으로 이어지는 이 시편은 찬양시들인 시편 103-107편 중 첫 번째 시편이다.

주목할 만한 부분은 처음(1-2절)과 마지막(20-22절)에 연속적으로 "여호와를 송축하라."는 찬양이 6번이나 반복된다는 점이다. 따라서 바로 이 구절이 이 시편의 핵심구절임을 알 수 있다. '송축하다'로 번역된 히브리어 '바라크'는 '축복하다'는 기본 뜻이 있는데 하나님에게 적용되기에 '축복을 올려 드리다'라는 뜻으로 '송축하다'로 번역한 것이다.

제5권

제113편

1. 할렐루야!
   여호와의 종들아, 찬양하라.
   여호와의 이름을 찬양하라.
2. 지금부터 영원까지,
   여호와의 이름이 찬양을 받을 것이다.
3. 해 뜨는 데서부터 해 지는 데까지,

여호와의 이름이 찬양을 받을 것이다.
4. 여호와는 모든 이방나라보다 높이 계시고,
그 영광은 하늘보다 높으시다.
5. 누가 우리 하나님 여호와와 같은가?
그 분은 높은 곳에 계시지만,
6. 스스로 낮추셔서,
하늘과 땅을 두루 살피시고,
7. 가난한 사람을 먼지에서 일으키시며
궁핍한 사람을 거름더미에서 들어 올리셔서,
8. 귀한 이들과 한자리에 앉게 하시며
백성의 귀한 이들과 함께 앉게 하시고,
9. 아이를 낳지 못하는 그 여인에게도
한 집에서 떳떳하게 살게 하시며,
많은 아이들을 거느리고
즐거워하는 어머니가 되게 하신다.
할렐루야!

〈해석〉

시편 113편은 할렐루야로 시작해서 할렐루야로 끝나는 할렐루야 찬양 시편이다. 전통적으로 113-114편은 유월절 만찬 전에 부르는 찬송이고, 115-118편은 유월절 만찬 후에 부르는 찬송이다. 이 시편은 예배 가운데 성가대와 회중이 서로 대화를 주고 받는 구조로 되어 있다. 1절은 제사장의 찬양이요, 2-9절은 성가대의 찬양인데 2-4절과 5-9절을 두 성가대가 교대로 찬양한 것으로 짐작된다.

이 시편은 '여호와'라는 이름을 반복해서 부르면서 찬양하고 있는데, 여호와는 가난하고 약한 사람들을 돌보아 주시고 아이 낳지 못한 여인들이 어머니가 되도록 복을 허락하시는 분으로 찬양하고 있다. 개인적인 일상생활부터 공동체의 삶에 이르기까지 스스로 낮추어 오시는 하나님의 보호와 돌봄이 있다는 사실에 대해서 크게 찬양하고 있다.

제115편

1. 여호와여, 영광을 우리에게 돌리지 마십시오.
우리에게 돌리지 마시고,
주님의 인자하심과 진실하심에 따라
오직 주님의 이름에만 영광을 돌리십시오.
2. 어찌하여 이방 나라들이
"그들의 하나님이 어디에 있느냐?" 하고 말합니까?
3. 우리 하나님은 하늘에 계셔서,
하시고자 하시면 어떤 일이든지 하실 수 있으시다.
4. 이방 나라의 우상은 금과 은으로 된 것이며,
사람이 손으로 만든 것이다.
5. 그것들에게 입이 있어도 말하지 못하고,
그것들에게 눈이 있어도 볼 수 없으며,
6. 그것들에게 귀가 있어도 듣지 못하고,
그것들에게 코가 있어도 냄새 맡지 못하고,
7. 그것들에게 손이 있어도 만지지 못하고,
그것들에게 발이 있어도 걷지 못하고,
그것들에게 목구멍이 있어도 소리를 내지 못한다.
8. 우상을 만드는 사람이나
우상을 의지하는 사람은

모두 우상과 같이 될 것이다.

9. 이스라엘아, 여호와를 의지하라.
그분은, 도움이 되어 주시고, 방패가 되어 주신다.

10. 아론의 집이여, 여호와를 의지하라.
그분은, 도움이 되어 주시고, 방패가 되어 주신다.

11. 여호와를 경외하는 사람들아,
여호와를 의지하라.
그분은, 도움이 되어 주시고, 방패가 되어 주신다.

12. 여호와께서 우리를 기억하여 주셔서 복을 주시고,
이스라엘 집에도 복을 주시며,
아론의 집에도 복을 주신다.

13. 여호와를 경외하는 사람에게 복을 주시니,
낮은 사람, 높은 사람, 구별하지 않고 복을 주신다.

14. 여호와께서 너희에게 복을 더 주시니
너희와 너희의 자손에게다.

15. 너희는 하늘과 땅을 지으신
여호와를 송축하라.

16. 하늘은 여호와의 하늘이라도,
땅은 사람에게 주셨다.

17. 죽은 사람은 여호와를 찬양하지 못한다.
침묵의 세계로 내려간 사람은
어느 누구도 주님을 찬양하지 못한다.

18. 그러나 우리는 이제부터 영원까지
여호와를 송축할 것이다.
할렐루야!

〈해석〉

시편 115편은 예배를 위한 기도송으로 여러 유형이 결합된 시편이다. 내용을 보면 외적에게 압제 당한 하나님의 백성이 드린 기도임을 알 수 있다.

1-2절은 탄원인데 하나님의 백성을 구해 주시기를 간청하는 기도이다. 왜냐하면 하나님이 자기 백성을 구할 때 하나님께 영광을 돌리는 것이기에, '영광을 우리에게 돌리지 마소서'라고 기도하는 것은 하나님께서 우리를 구하셔서 영광 받으시기를 원합니다 라는 뜻이다. 그리고 주의 백성이 압제 당하면 하나님은 조롱의 대상이 된다는 것을 일깨우는 절이 2절이다.

3-8절은 살아계시고 창조주이신 하나님과 움직이지도 못하는 무능한 조각품인 우상을 비교하면서 하나님을 의지하라고 권한다. 그리고 9-11절에는 후렴구처럼 "그분은, 도움이 되어 주시고, 방패가 되어 주신다."를 반복하고 있는데 이것은 의지할 수 있는 분이 하나님임을 강조한 것이다.

여호와를 경외하는 사람들에게 복을 주신다는 점을 강조하면서 차별 없이 모든 사람들에게 복을 주신다는 점을 또한 강조하였다. 마지막으로, 살아있는 사람이 해야 할 중요한 임무는 하나님을 찬양하는 것으로 끝맺음을 하였다.

제119편

1. 복되도다!
   행위가 깨끗한 사람들이여!
   여호와의 토라 안에서 걸어가는 사람들이여!
2. 복되도다!

주의 교훈을 지키는 자들이여!
온 마음을 기울여서 주님을 찾는 사람이여!
3. 진실로 이런 사람들은 불의를 행하지 않고,
주께서 가르치신 길을 따라 사는 사람이다.
4. 주님, 주께서는 우리에게 주의 법도를 주시고,
그것을 성실하게 지키라고 명령하셨습니다.
5. 주의 율례를 성실하게 지킬 수 있도록,
내 길을 탄탄하게 하셔서
흔들리는 일이 없게 해주십시오.
6. 제가 주의 모든 계명을 낱낱이 마음에 새기면,
제가 부끄러움을 당할 일이 없을 것입니다.
7. 제가 주의 의로운 법규들을 배울 때에,
정직한 마음으로 주님께 감사하겠습니다.
8. 주의 율례를 지킬 것이니,
저를 아주 버리지 말아 주십시오.
9. 젊은이가 어떻게 해야
그 인생을 깨끗하게 살 수 있겠습니까?
주의 말씀을 지키는 길입니다.
10. 제가 온 마음을 다하여 주님을 찾습니다.
주님의 계명에서 벗어나지 않게 하여 주십시오.
11. 제가 주님께 범죄하지 않으려고,
주의 말씀을 제 마음 속에 깊이 간직합니다.
12. 여호와여, 주님을 송축하오니
주의 율례를 저에게 가르쳐 주십시오.
13. 주의 입술로 말씀하신 그 모든 규례를,
제 입술로 전하겠습니다.

14. 큰 재산을 가지는 것보다
주의 교훈을 따르는 이 기쁨은, 더 큽니다.
15. 저는 주의 법을 명상하며
주의 길들을 주목합니다.
16. 주의 율례 안에서 즐거워하며,
주의 말씀을 잊지 않겠습니다.
17. 주의 종에게 은혜를 베풀어 주십시오.
그래야 내가 살아서, 주의 말씀을 지킬 수 있습니다.
18. 제 눈을 열어 주십시오.
그래야 제가 주의 토라 안에 있는
놀라운 진리를 볼 것입니다.
19. 저는 땅 위를 떠도는 이주자입니다.
주의 명령을 제게 숨기지 마소서.
20. 제 영혼이 주의 율례를
늘 사모하다가 쇠약해졌습니다.
21. 주께서는 오만한 자들을 책망하십니다.
주의 계명에 복종하지 않는 자들은
꾸짖으셨습니다.
22. 그들이 나를 멸시하지 못하게 해주십시오.
그들이 나를 비웃지 못하게 해주십시오.
참으로 저는 주의 교훈을 잘 지켰습니다.
23. 고관들이 모여 앉아서,
저에 관하여 말했으나
주의 종은 오직 주의 율례에 관하여 말합니다.
24. 주의 교훈이 저에게 기쁨이며
주의 교훈은 나의 조언자들입니다.

…

49. 주의 종에게 하신 말씀을 기억해 주십시오.

주께서는 말씀으로 제게 희망을 주셨습니다.

50. 주의 말씀이 나를 살려 주었습니다.

제가 고난을 받을 때에,

그 말씀이 저에게 큰 위로가 되었습니다.

51. 교만한 자들이 저를 혹독하게 조롱하여도,

저는 주의 토라에서 떠나지 않았습니다.

52. 여호와여, 주의 오래된 규례를 기억합니다.

그 규례가 저에게 큰 위로가 됩니다.

53. 악인들이 주의 토라를 무시하는 것을 볼 때마다,

마음속에서 분노가 끓어오릅니다.

54. 제가 우거하는 집에서

주의 율례가 저의 노래가 되었습니다.

55. 여호와여, 밤에도 주의 이름을 기억하고,

주의 토라를 지킵니다.

56. 주의 법도를 따라서 사는 삶에서

제 행복을 찾습니다.

…

97. 얼마나 제가 주의 토라를 사랑하는지요!

온종일 그것만을 깊이 생각합니다.

98. 주의 계명이 언제나 저와 함께 있으므로,

그 계명으로 주께서는

저를 제 원수들보다 더 지혜롭게 해주십니다.

99. 제가 주의 교훈을 늘 묵상함으로,

제가 스승들보다도 더 명석해졌습니다.

100. 제가 주의 법도를 지키기에,
노인들보다도 더 슬기로워졌습니다.
101. 주의 말씀을 지키려고,
나쁜 길에서 제 발길을 돌렸습니다.
102. 주께서 저를 가르치셨으므로,
저는 주의 규례에서 어긋나지 않았습니다.
103. 주의 말씀, 그 맛이 내게 어찌 그리도 단지요!
내 입의 꿀보다 더 답니다.
104. 주의 법도로 제가 슬기로워지니,
거짓된 길은 어떤 길이든지 미워합니다.
105. 주의 말씀은 제 발의 등불이요,
제 길의 빛입니다.
106. 주의 의로운 규례를 지키려고,
저는 맹세하고 또 다짐합니다.
107. 주님, 제가 받는 고난이 너무 심하니,
여호와여! 주의 말씀대로 저를 살려 주십시오.
108. 여호와여! 기쁨으로 드리는 감사의 기도를
즐거이 받아 주시고,
주의 규례를 제게 가르쳐 주십시오.
109. 제 생명은 언제나 위기에 처해 있습니다만,
제가 주의 법을 잊지는 않습니다.
110. 악인들은 제 앞에다가 올무를 놓지만,
저는 주의 법도를 벗어나지 않습니다.
111. 주의 훈계가 제 마음의 기쁨이기에
주의 훈계는 저의 영원한 유산입니다.
112. 제가 영원히 끝까지,

주의 율례를 지키기로 결심하였습니다.

...

169. 제 울부짖음이
여호와 당신 앞에 가까이 가게 하시고
주의 말씀대로 저를 깨닫게 하십시오.
170. 제 간구가 주님께 이르게 해주시고,
주의 말씀대로 건져 주십시오.
171. 주께서 주의 율례를 저에게 가르치시니,
제 입술에서는 찬양이 쏟아져 나옵니다.
172. 제 혀로 주께서 주신 말씀을 화답하니
이는 주의 계명이 모두 의롭기 때문입니다.
173. 주께서 손수 나를 돕는 분이 되었으니
이는 제가 주의 법도를 택하였기 때문입니다.
174. 여호와여!
제가 주의 구원을 간절히 기다립니다.
주의 토라는 저의 기쁨입니다.
175. 나를 살려 주셔서, 주님을 찬양하게 해주시고,
주의 규례로 나를 도와주십시오.
176. 제가 길을 잃은 양처럼 방황하고 있으니
오셔서, 주의 종을 찾아 주십시오.
참으로 주의 계명을 잊지 않습니다.

〈해석〉

시편 119편은 지혜시로서 토라(여호와의 가르침) 찬송이라 부른다. 시편 119편은 시편 가운데 가장 긴 시편이며 총 176절이다. 이 시편은 알파벳 시인데 특이한 것은 8절이 한 연을 이루면서 하나의

알파벳으로 시작한다는 것이다. 히브리어 자음이 22개이기에 8절씩 곱하면 176절이 되는 것이다. 이렇게 긴 시편이지만 알파벳 순서로 되어 있기에 쉽게 외울 수 있었던 것이다.

제사의식보다 말씀을 강조하는 시편으로 신앙 교육용으로 작성된 시편이라 할 수 있다. 하나님의 말씀이 꿀송이보다 달다고 고백하면서 말씀을 가르쳐 주시기를 요청하는 내용이 핵심적인 내용이다.

주의 말씀이 내 발의 등이라 고백하면서 주의 말씀을 사모하여 새벽이 되기 전에 깨어 부르짖으며 밤중에도 주의 말씀을 묵상하는 모습을 보여주고 있다.

이 시편 가운데 21-24절을 한국의 운율인 4.4조로 번역해 본다면 다음과 같다.[65]

시편 119: 21-24

덩기덩기 우리주님 오만한자 꾸짖으사
복종하지 않는자들 저주받게 하십니다
덩기덩기 주님저는 당신교훈 잘지키니
그들의 -멸시웃음 물리쳐- 주옵소서
두근두근 고관들이 모여앉아 쑥덕쑥덕
나를해칠 무서운- 음모를- 꾸미지만
주의종된 이몸은- 말씀만을 새깁니다
덩기덩기 주님교훈 제게기쁨 주옵니다
덩실덩실 주님교훈 제게충고 주옵니다

65_ 박근원, 홍순원, "우리가락 예배시편 -가슴 벅차고 흐벅지게," 『기독교사상』 536호 (2003. 8), 251-252.

제121편

성전에 올라가는 순례자의 노래

1. 내가 산을 향하여 눈을 들리라
   나의 도움이 어디서 오나?
2. 나의 도움은 하늘과 땅을 만드신
   여호와에게서로다
3. 여호와께서 네 발을 흔들리지 않게 하시며
   너를 지키시는 분은 졸지 않으실 것이다.
4. 이스라엘을 지키시는 분은
   졸지도 아니하시고 주무시지도 아니하실 것이다.
5. 여호와는 너를 지키시는 분,
   여호와께서 네 오른쪽에서 네 그늘이 되시니
6. 낮의 해가 너를 해치지 못하며
   밤의 달도 너를 해치지 못할 것이다.
7. 여호와께서 모든 악으로부터 너를 지키시며
   네 영혼을 지키실 것이다.
8. 여호와께서 네가 나가고 들어오는 것을
   지금부터 영원까지 지키실 것이다.

〈해석〉

시편 121편은 찬송가와 복음송을 통해서도 들을 수 있다. 찬송가 73장 '내 눈을 들어 두루 살피니 산악이라'는 찬송과 383장 '눈을 들어 산을 보니 도움 어디서 오나'라는 찬송이 바로 121편을 가사로 채용한 찬송들이다. 그리고 복음송으로는 '내가 산을 향하여 눈을 들리라'와 '하나님은 너를 지키시는 자'라는 우리가 자주 불렀던 복음송이 있고, 이 시편 가사로 작곡된 합창곡과 독창곡도 있다. 이처럼 시편 121편은 우리가 지금도 찬송으로 많이 부르고 있고 사랑받는 시편이다.

표제를 보면 '성전에 올라가는 순례자의 노래'로 되어 있는데 이러한 순례시는 120-134에 걸쳐 나타난다. 이스라엘 백성은 일 년에 세 번씩, 유월절, 오순절, 장막절 등 중요한 절기 때가 되면 예루살렘 성전에 올라가 제사를 드리는데 이 여정을 순례라고 부른다. 절기 때만 되면 시간의 마디를 만들고 전환점을 기대하면서 이렇게 순례의 길에 오르며 이 때 부르는 찬양이 바로 순례시편이다.

시편 121편이 강조하는 중요한 하나님의 모습은 바로 "우리를 지켜주시는 분"이라는 모습이다. 전체 8절 뿐인데 그 가운데 '지키다'라는 단어가 6번이나 반복되고 있다. 개인 개인 뿐 만 아니라 이스라엘 백성 전체를 공동체로 여기고 모두 지켜 주신다고 찬양하고 있다. 우리를 감당하기 힘든 어려움과 고통으로부터 보호해 주시고, 비록 어려움이 있다 하더라도 힘이 되어 주시고 어려움을 이기게 해 주신다는 뜻이 포함되어 있다. 마지막 8절에는 하나님께서 들어가고 나가는 우리의 모든 발걸음을 평생토록 영원히 지켜주신다고 찬양한다.

그런데 하나님께서 우리를 지켜주시는데 비해 우리는 서로서로 지켜주는 것을 소홀히 하는 경향이 있다. 창세기 4장에 보면 아벨을 죽인 가인에게 하나님께서 "네 아우 아벨이 어디 있느냐?"고 물으셨다. 그 때 가인은 "내가 알지 못하나이다. 내가 내 아우를 지키는 자입니까?"라고 불퉁스럽게 대답을 했다.

하나님이 원하시는 것은 내가 너희를 지켜주듯이 너희도 서로서로 지켜 주라는 것이다. 이것이 하나님이 원하시는 가족 공동체요, 교회 공동체요, 국가공동체다.

제122편

다윗의 시. 성전에 올라가는 순례자의 노래

1. '여호와의 집에 올라가자'고
   사람들이 내게 말할 때에 내가 기뻤다.
2. 우리 발이 네 성문 안에 섰구나.
   예루살렘아!
3. 잘 짜여진 성읍과 같이 건설되었구나
   예루살렘아!
4. 지파들 곧 이스라엘의 증인인 여호와의 지파들이
   여호와의 이름에 감사하려고 거기로 올라갔다.
5. 거기에 재판을 위해 보좌를 두셨으니
   곧 다윗의 집의 보좌들이다.
6. 예루살렘을 위하여 평안을 구하라
   '예루살렘을 사랑하는 자들이 평안하기를
7. 네 성 안에 평화가 있기를!
   네 궁전 안에 평안이 있기를!
8. 내 형제와 친구를 위하여
   '네 가운데에 평화가 있기를!' 이라고 말하며
9. 우리 하나님 여호와의 집을 위하여
   '네게 복이 있기를!'이라고 내가 간구할 것이다.

〈해석〉

시편 122편은 시온시편으로 순례자의 노래이며 순례자가 예루살렘 성전 앞에 도착하여 부른 노래이다. 이 시편의 구조는 다음과 같다.

1-2절 도착의 기쁨과 순례의 길을 회상함

3-5절 예루살렘을 찬양함

6-9절 예루살렘을 축복함

이 순례시는 지나칠 정도로 예루살렘 도시를 강조하고 있다. 이 시편 전체 아홉 절 가운데 2/3가 직접적으로 예루살렘을 강조하며 그 도시의 평안을 빌고 있다. 순례자는 예루살렘 도성에 발을 들여놓으면서 그 건축물들의 아름다움을 칭찬하고 있으며(2-3절), 예루살렘을 위하여 평안과 형통, 그리고 복을 구하며 나아가 예루살렘을 사랑하는 자는 평안하리라고 단언하고 있다(6-9절).

예루살렘은 성전이 있는 곳이지만 예루살렘은 국제적인 도시이며 이방인도 있었고 타종교인도 있었다. 또한 쿠데타도 일어난 도시였고 학살도 일어난 적도 있었다. 예루살렘은 이런 큰사랑과 복을 받을 만한 이상적인 도시는 아니었다. 그런데도 불구하고 예루살렘을 축복한 이유는 무엇인가?

첫째로 내 형제와 이웃들이 살고 있기 때문이다(8절). 둘째는 하나님께서 택하신 지도자가 있는 곳이기에(5절), 셋째는 하나님의 성전이 있는 곳이기에(9절) 예루살렘의 복을 비는 것이다. 이러한 이유 깊은 곳에 들어있는 핵심적인 이유는 예루살렘에 하나님이 계시며 하나님이 자기 백성들을 위해 일하고 계시기 때문이라 말할 수 있다.

오늘날 우리가 살아가는 사회를 바라보면서 부정이 난무하고 있다고 하면서 불만을 쏟아놓을 수 있다. 그러나 비난과 독설을 중지하고 우리가 속해 있는 나의 가정, 나의 일터, 이 사회와 민족을 위해 먼저 평안과 복을 간구해야 한다. 왜냐하면 이 사회 한 복판에서 우리 하나님은 땀 흘려 우리를 위해 일하고 계시기 때문이다.

제127편

성전에 올라가는 순례자의 노래. 솔로몬의 시

1. 만일 여호와께서 집을 짓지 아니하시면
   집을 짓는 사람의 수고가 헛되며,
   만일 여호와께서 성을 지키지 아니하시면
   파수꾼의 깨어 있음이 헛된 일이다.
2. 일찍 일어나고 늦게까지 앉아 있는 것이 헛되다.
   그 수고의 빵을 먹는 자들아
   진실로 주님께서는,
   사랑하시는 사람에게는 잠을 주신다.
3. 보라! 자식은 여호와의 유업이며,
   태 안에 들어 있는 열매는,
   주님이 주신 상급이다.
4. 그 젊을 때의 자식들은
   용사의 손에 있는 화살과도 같으니,
5. 복되도다! 그런 화살이 화살통에 가득한 용사여!
   그들은 성문에서 원수들과 담판할 때에,
   부끄러움을 당하지 아니할 것이다

〈해석〉

순례자들이 순례하러 올라가면서 부른 노래인데 사업의 번창과 번성하는 가족이 모두 하나님의 축복에 의해서 이루어지 것으로 찬양하고 있다. 전반부는 삶의 터전을 일구어 나가며 윤택하게 살아가고자 하는 모든 수고가 하나님의 은혜 없이는 성공할 수 없기에 하나님께 감사드린다는 내용이다. 또한 후반부는 자식의 번성과 가족의 건강이 하나님의 은혜로 이루어진 것임을 고백하면서 감사드리는 찬양이다.

제133편

성전에 올라가는 순례자의 노래, 다윗의 시편

1. 보라! 형제가 하나 되어 함께 살아가는 것이
 어찌 그리 좋으며 어찌 그리 아름다운지
2. 수염에 흘러내리는
 머리 위의 보배로운 기름 같음이여
 아론의 수염에 흘러내려 옷깃에 흘러내리도다.
3. 시온 산에 내리는 헐몬산의 이슬같음이여
 참으로 거기서 여호와께서 축복을 명령하셨으니
 곧 영원토록 사는 삶이로다

〈해석〉

이 시편은 순례시편으로 공동체의 아름다움을 노래한 시편이다. 시편 133편에는 다양한 이미지가 나타난다. 기름부음 받은 대제사장 아론의 이미지가 있다. 대제사장은 이스라엘 백성을 대표해서 하나님 앞에 서는 사람이며 거룩한 사람이다. 이러한 대제사장이 바로 서 있다는 것은 하나님과 이스라엘 백성이 좋은 관계를 맺고 있다는 뜻이다. 따라서 이 이미지가 전달하는 메시지는 형제가 함께 살아간다는 것은 하나님의 자녀로서 함께 살아간다는 것이다.

그 다음 중요한 이미지는 성전이 있는 시온 산에 내리는 풍성한 이슬의 이미지다. 이스라엘 지역의 기후는 건기와 우기로 나누는데 건기일 때는 빗방울 하나 구경하기 힘들다. 이 때 유일하게 수분을 제공해주는 것이 바로 이슬이다. 이슬은 풀과 나무에 수분을 공급할 뿐 만 아니라 식수를 공급하는 식수원이 되기도 하였다. 이처럼 이스라엘에서는 '물'이라는 것은 단순한 수분이 아니라 생명의 젖줄이었다.

헐몬 산은 갈릴리 호수 북쪽에 높이 솟아 있는 산이며 큰 산이다. 이 산에 이슬이 내린다면 그 이슬의 양은 상상하기 힘들 정도로 풍부한 양이 될 것이다. 이 풍부한 이슬이 시온 산에 내린다면 메마른 대지는 생기를 되찾아 생명을 꽃피우게 될 것이다. 또한 헐몬산과 시온산을 연결하면서 분열이 아니라 하나의 공동체가 되어 살아가는 모습이라는 메시지도 전하고 있다.

이슬은 하늘의 선물 즉 하나님의 선물로 알려져 있다. 하나님의 선물로 받은 이슬의 이미지는 하나님의 자녀들이 서로 사랑하며 함께 살아가는 모습으로 연결된다. 이슬과 같이 공동체로서 함께 살아간다는 것은 바로 생명에 생기를 줄 수 있는 모습이며 생명을 살리는 길이 될 수 있다는 것이다.

한국에는 아름답고도 소중한 마을 공동체 정신이 있다. 프랑스 파리 외방전교회의 선교사이며 천주교 조선교구의 제5대 교구장이었던 다블뤼 주교(Marie-Nicolas-Antoine Daveluy, 安敦伊, 1818-1866)는 조선에서 21년(1846-1866) 동안 선교하다가 병인박해 때 순교하였다. 다블뤼 주교는 19세기 중반 조선 사람들의 나눔의 마을 공동체 정신을 아래와 같이 묘사하였다.

> 이 나라에서는 자선 행위를 진정으로 존숭하고 실천한다. 사랑방에서 받는 대접 이외에도, 적어도 식사 때 먹을 것을 달라면 거절하지 않는다. 심지어 어떤 경우에는 일부러 그를 위해 밥을 다시 하기도 한다. 들에서 일하는 일꾼들은 식사하다가 지나가는 사람에게 즐거이

자기 밥을 나누어 준다. 뱃사공들은 밥을 먹지 않고 배 타러 나온 사람과 나누어 먹는 것을 철칙으로 한다. 잔치가 벌어지면 언제나 이웃 사람들을 초대해서 형제처럼 모든 것을 나눈다. 여비가 없이 길을 떠나는 사람은 엽전 몇 닢의 도움을 받는다. 없는 사람과 나누는 것. 이것이 바로 조선인이 가진 덕성 중의 하나다.[66]

제136편

1. 여호와께 감사하라.
   참으로 그는 선하시며
   참으로 그의 인자하심이 영원하다.
2. 신들 중의 가장 크신 하나님께 감사하라.
   참으로 그의 인자하심이 영원하다.
3. 모든 주 가운데 가장 크신 주님께 감사하라.
   참으로 그의 인자하심이 영원하다.
4. 홀로 크고 놀라운 일들을 행하신 분께 감사하라.
   참으로 그의 인자하심이 영원하다.
5. 지혜로 하늘을 만드신 분께 감사하라.
   참으로 그의 인자하심이 영원하다.
6. 물 위에 땅을 펴 놓으신 분께 감사하라.
   참으로 그의 인자하심이 영원하다.
7. 큰 빛들을 지으신 분께 감사하라.
   참으로 그의 인자하심이 영원하다.
8. 낮을 다스릴 해를 지으신 분께 감사하라.
   참으로 그의 인자하심이 영원하다.

66_ *Notes.*, ff. 26-27. 조현범, 『조선의 선교사, 선교사의 조선』 (한국교회사연구소, 2008), 249-250 재인용

9. 밤을 다스릴 달과 별을 지으신 분께 감사하라.
참으로 그의 인자하심이 영원하다.
10. 이집트의 처음 난 것들을 치신 분께 감사하라.
참으로 그의 인자하심이 영원하다.
11. 이스라엘을 그들 가운데서
이끌어 내신 분께 감사하라.
참으로 그의 인자하심이 영원하다.
12. 강한 손과 펴신 팔로
이끌어 내신 분께 감사하라.
참으로 그의 인자하심이 영원하다.
13. 홍해를 두 동강으로 가르신 분께 감사하라.
참으로 그의 인자하심이 영원하다.
14. 이스라엘을 그 가운데로
지나가게 하신 분께 감사하라.
참으로 그의 인자하심이 영원하다.
15. 바로와 그의 군대를 흔들어서
홍해에 빠뜨리신 분께 감사하라.
참으로 그의 인자하심이 영원하다.
16. 자기 백성을 광야에서
인도하여 주신 분께 감사하여라.
참으로 그의 인자하심이 영원하다.
17. 큰 왕들을 치신 분께 감사하라.
참으로 그의 인자하심이 영원하다.
18. 힘있는 왕들을 죽이신 분께 감사하라.
참으로 그의 인자하심이 영원하다.
19. 아모리 왕 시혼을 죽이신 분께 감사하라.

참으로 그의 인자하심이 영원하다.
20. 바산 왕 옥을 죽이신 분께 감사하라.
참으로 그의 인자하심이 영원하다.
21. 그들의 땅을 유산으로 주신 분께 감사하라.
참으로 그의 인자하심이 영원하다.
22. 자기의 종 이스라엘에게
유산으로 주신 분께 감사하라.
참으로 그의 인자하심이 영원하다.
23. 우리가 낮아졌을 때에,
우리를 기억하여 주신 분께 감사하라.
참으로 그의 인자하심이 영원하다.
24. 우리를 원수들에게서 건져 주신 분께 감사하라.
참으로 그의 인자하심이 영원하다.
25. 육신을 가진 모든 사람에게
먹을거리를 주시는 분께 감사하라.
참으로 그의 인자하심이 영원하다.
26. 하늘에 계시는 하나님께 감사하라.
참으로 그의 인자하심이 영원하다.

〈해석〉

시편 136편은 이스라엘의 역사를 회상하며 하나님께 감사드리는 찬송이다. 이스라엘 백성이 어려움과 고통과 압제 가운데 있었는데 하나님께 부르짖었더니 하나님이 구원해 주셨다는 역사를 회상하면서 하나님을 찬양하는 모습이다. 구약에는 이처럼 역사를 회상하는 모습이 많이 나타나는데 오경과 예언서에 두드러지게 나타난다.

김정준은 시편 136편을 모델삼아 우리의 역사와 삶을 회상하며 하나님께 찬양하는 시편으로 부르기를 다음과 같이 제안하였다.

시편 136편[67]

하나님께 감사하라
그는 선하시고 그 인자하심이 영원하시도다

슬기롭고 용감한 민족사를 기록케 하신
하나님께 감사하라.
그는 선하시고 그 인자하심이 영원하시도다.

거듭되는 외적의 침략에서도 지켜 주신
하나님께 감사하라.
그는 선하시고 그 인자하심이 영원하시도다.

8 · 15 해방을 주신 하나님께 감사하라.
그는 선하시고 그 인자하심이 영원하시도다.

6 · 25 전쟁 때도 망하지 않게 하신 하나님께 감사하라.
그는 선하시고 그 인자하심이 영원하시도다.

유신체제 오랜 독재도 물러나게 하시고
자유와 민주의 새 역사의 장을 열어주셨으니
그는 선하시고 그 인자하심이 영원하시도다.

시편 136편의 특징은 '참으로 그의 인자하심이 영원하다.'라는 후렴구가 반복된다는 것이다. 이 구절은 히브리어 성경의 '키 러올

67_ 김정준, 『시편명상』 (한국신학연구소, 1987), 429.

람 하스도'를 번역한 것이다. 이렇게 반복되는 후렴구를 보면 우리는 '쾌지나칭칭나네'를 함께 부르는 광경을 떠올리게 된다. 누군가 선창을 하면 모두가 함께 '쾌지나칭칭나네'를 소리높여 부르듯이 시편 136편도 제사장이나 성가대가 선창을 하면 모든 회중들이 목소리 함께 하여 후렴구를 부르는 것이다.

시편 136편은 공동체 감사시이다. 평소에 감사하는 마음이 얼마나 중요한지에 대한 아래의 말을 기억하면서 이 시편을 읽는다면 훨씬 더 새롭게 다가올 것이다.

감사란 참으로 좋은 것이다. 최초의 조그만 감사는 또 다른 감사를 낳고 이어지는 감사는 더 큰 감사를 낳는다. 반대고, 최초의 조그만 불평은 또 다른 불평을 낳고, 이어지는 불평은 마침내 회복 불능의 갈등으로 이어진다. 최초의 감사와 최초의 불평 사이의 간격은 극히 미미한 것일 수 있다. 그러나 그 결과와 귀착점은 정반대이다.[68]

제137편

1. 바벨론 강변 곳곳에서,
   거기서 앉아 시온을 기억하며 울었다.
2. 그 가운데 버드나무 가지에
   우리의 수금을 걸어 두었는데,
3. 이는 우리를 사로잡아 온 자들이
   거기에서 우리에게 노래를 요청했기 때문이다.
   우리를 조롱하는 자들이
   저희들 홍을 돋우어 주기를 요구하며,

68_ 서명수, "감사의 진정한 이유- 시편 117, 136편," 『기독교사상』 141.

시온의 노래 한 가락을
저희들을 위해 불러 보라고 하는구나.

4. 우리가 어찌 남의 나라 땅에서
여호와의 노래를 부를 수 있으랴.

5. 예루살렘아, 내가 너를 잊는다면,
내 오른손도 수금 타는 재주를 잊을 것이다.

6. 내가 너를 기억하지 못한다면,
내가 너 예루살렘을
내가 가장 기뻐하는 것으로
올려놓지 않는다면,
내 혀가 내 입천장에 붙을 것이다.

7. 여호와여 에돔 사람을 기억하시고[69]
예루살렘이 멸망하던 날을 기억하십시오.
그들이 "헐어 버려라, 헐어 버려라.
그 기초가 드러나도록 헐어 버려라"
하던 그 말을 기억하여 주십시오.

8. 망해야 할 바벨론 성읍아,
네가 우리에게 입힌 해를
그대로 너에게 되갚는 사람에게,
복이 있을 것이다.

9. 네 어린 아이들을 잡아서
바위에다가 메어치는 사람은
복이 있을 것이다.

69_ 바벨론 사람들에 대한 원망을 쏟아놓는 시에 왜 에돔 사람들이 등장하는가? 바벨론이 유다를 공격했을 때 이웃 나라인, 심지어 형제 나라라고 부르던 에돔 군대가 합세해서 유다를 공격했기 때문에 에돔을 원망하는 것이다.

〈해석〉

시편 137편을 읽으면 원한에 사무친 포로들이 섬뜩한 말을 한다고 여길 수 있다. 어린아이를 바위에 메어치는 사람이 복이 있다니! 그러나 그러한 일을 수없이 당한 민족에게는 그와 같은 형벌이 당연하다고 여기는 것이다. 약소국가인 이스라엘과 유다는 남북으로 분단되어 있었는데 각각 강대국 앗수르에게(주전 722년) 그리고 바벨론에게 (주전 586년)멸망당하고 말았다.

예루살렘이 무너지고 성전이 불탔으며 많은 사람들이 포로로 바벨론으로 끌려갔다. 물론 저항하던 사람들은 죽임을 당하고 심지어 부녀자들까지 처참하게 살육을 당했으며 연약한 어린아이들은 처참하게 죽임을 당했다. 이러한 광경을 기억하고 있는 유다 사람들은 바벨론으로 붙잡혀 왔지만 그 원한을 잊을 수가 없었던 것이다. 그래서 이처럼 독한 말을 쏟아놓고 있는 것이다.

우리도 일제 36년간 치욕의 세월을 견뎌야만 했었다. 김정준은 시편 137편을 우리의 경험을 통해 다시 부르기를 아래와 같이 제안하였다.[70]

시편 137편

북해도 탄광에서나
만주 벌판에서
서울을 생각하고
우리는 울었다.

저기 버드나무 가지에
우리의 퉁소도 달았다.

70_ 김정준, 『시편명상』, 430.

우리의 장고도 달아버렸다.

아, 우리를 징용해온 이 자들이 즐기도록
어찌 양산도를 부르니!
어찌 아리랑을 부르니!

내 조국 노랫가락을 이 이역에서 부를진대
내 혀여, 입천장에 붙어버려라!
내 겨레의 노래에 맞추어 장고를 칠진대
내 손가락이여, 장고에 붙어버려라.

흥미로운 것은 시편 137편의 가사를 사용해서 오히려 흥겨운 곡을 연주한 가수들이 있다. 1970년대 Boney M. 그룹이 불렀던 'By the Rivers of Babylon'이란 유명한 곡이다.[71] 표면적으로는 흥겨운 곡이지만 가사 자체는 137편과 같은 억울함과 눈물이 묻어 있는 노래다. 아프리카에서는 슬픈 장례식 때 흥겨운 노래를 부르면서 행렬을 한다고 한다. 아마도 그러한 관습이 바탕이 되어 이러한 노래가 태어난 것으로 짐작된다.

시편 137편은 민요에 가까운 노래로서 공동체 탄원시에 속한다. 민요는 일상적인 경험을 솔직하게 담아내는 그릇인데 포로생활 속에 쌓였던 울분과 슬픔이 여기에 담겨져 있는 것이다. 오늘날 대중적인 음악 장르가 예배 현장에 들어오기는 힘들지만 복음송이 신앙생활 속에 자리를 잡듯이 민요가락도 찬송가의 반열에 들어올 날도 있을 것이다. 중요한 것은 포스트 모던 시대에는 성(聖)과 속(俗)의 경계가 허물어지고 서로 소통하면서 새로운 것을 창출하는 시대라는 점이다. 이 흐름을 긍정적으로 활용할 필요가 있다.

71_ https://www.youtube.com/watch?v=vYK9iCRb7S4&list=RDvYK9iCRb7S4&index=1 (2016.6.24. 검색).

제139편

지휘자를 따라 부르는 다윗의 노래

1. 여호와여! 주께서 저를 샅샅이 살펴보셨으니,
   저를 환히 알고 계십니다.
2. 제가 앉아 있거나 서 있거나
   주께서는 다 아십니다.
   멀리서도 제 생각을 다 알고 계십니다.
3. 제가 길을 가거나 누워 있거나,
   주께서는 측정하시며,
   제 모든 행실을 다 알고 계십니다.
4. 참으로 제가 혀를 놀려 아무 말 하지 않아도
   보십시오! 여호와께서는, 그 모든 것을 아십니다.
5. 주께서 앞뒤를 둘러싸 막아 주시고,
   제 위에 주의 손을 얹어 주셨습니다.
6. 이 깨달음이 내게는 너무 놀랍고 너무 높아서,
   제가 그것에 닿을 수 없습니다.
7. 제가 주의 영을 피해서 어디로 가며,
   주의 얼굴을 피해서 어디로 도망치겠습니까?
8. 제가 하늘로 올라가더라도 주께서는 거기에 계시고,
   스올에다 자리를 펴더라도 주님은 거기에도 계십니다.
9. 제가 새벽 날개들을 들어 올린다 해도,
   바다 끝에 거주한다 해도,
10. 거기에서도 주의 손이 저를 인도하여 주시고,
    주의 오른손이 저를 붙들어 주십니다.
11. 제가 말하기를 "아, 어둠이 와락 나에게 달려들어서,

나를 비추던 빛이 밤처럼 되어라" 해도,

12. 주님 앞에서는 어둠도 어둠이 아니며,
밤도 대낮처럼 밝으니,
어둠과 빛이 다 같습니다.

13. 참으로 주께서 제 콩팥들을 만드셨으며
제 어머니 배에서 저를 지으셨습니다.

14. 제가 주님께 감사를 드립니다.
왜냐하면 제가 두렵고 놀랍게 지으졌으니
주께서 만드신 것들이 놀랍기 때문입니다.
제 영혼은 이 사실을 잘 알고 있습니다.

15. 은밀한 곳에서 저를 지으셨고,
땅 속 같은 곳에서 저를 지으셨으니
내 뼈가 주님 앞에서는 숨겨지지 않았습니다.

16. 제 모양이 갖추어지기도 전부터,
주께서는 저를 보고 계셨으며,
저에게 정하여진 날들이 아직 시작되기도 전에
이미 주의 책에 다 기록되었습니다.

17. 하나님, 주의 생각이 어찌 그리도 귀한지요!
그것들의 시작이 얼마나 깊은지요!

18. 제가 세려고 하면 모래보다 더 많습니다.
깨어나 보면, 나는 여전히 주님과 함께 있습니다.

19. 하나님, 주님은 분명히 악인을 죽이십니다.
피 흘리기를 좋아하는 자들아, 내게서 물러가라.

20. 그들은 주님을 모욕하는 말을 하며,
주의 원수들이 허위로 맹세를 합니다.

21. 여호와여, 주님을 미워하는 자들을

내가 어찌 미워하지 않으며,
주님께 대항하면서 일어나는 자들을
제가 어찌 미워하지 않겠습니까?
22. 제가 그들을 끝까지 미워합니다.
그들은 제 원수들입니다.
23. 하나님, 저를 샅샅이 살펴보시고,
제 마음을 알아주십시오.
저를 철저히 시험해 보시고,
제가 염려하는 바를 알아주십시오.
24. 제 안에 우상의 길이 있는지 보시고
저를 영원한 길로 인도하여 주십시오.

〈해석〉

시편 139편은 개인 감사시로 찬양과 교훈도 포함되어 있다. 1절의 "주께서 저를 샅샅이 살펴보셨으니, 저를 환히 알고 계십니다."라는 뜻은 조사해 본 결과 무죄함이 확인되었다는 뜻이다. 그리고 하나님은 우리의 상황과 행동을 모두 파악하고 아신다고 고백한다. "어둠과 빛이 다 같습니다."(12절)라는 구절의 뜻은 하나님 앞에서는 모든 것이 확연히 드러나며 모든 것을 통치하신다는 뜻이다.

이 시편이 강조하고자 하는 것은 마지막 부분을 보면 알 수 있는데 하나님과의 교제를 방해하는 것들을 제거해주시고 하나님께서 새로운 영원한 길로 인도해 주시기를 호소하는 것이다.

제146편

1. 할렐루야!

내 영혼아 여호와를 찬양하라.
2. 내가 살아가는 동안 여호와를 찬양하며
계속해서 나의 하나님을 찬송할 것이다.
3. 귀인들을 의지하지 말며
도울 힘이 없는 인생도 의지하지 말라.
4. 그의 영이 나가면 그는 흙으로 돌아가리니
그 날에 그의 계획들은 사라질 것이다.
5. 복되도다! 야곱의 하나님을
자기의 도움으로 삼는 자여!
그의 하나님 여호와께 소망을 두는 자여!
6. 여호와는 하늘과 땅과
바다와 그들 안에 있는 모든 것을 지으시고
영원히 진실함을 지키시며
7. 억눌린 사람들을 위해 정의를 행하시며
배고픈 자들에게 먹을 것을 주시는 분이시다.
여호와께서 갇힌 자들에게 자유를 주신다.
8. 여호와께서 맹인들의 눈을 여시며
여호와께서 엎드리는 자들을 일으키시며
여호와께서 의인들을 사랑하시며
9. 여호와께서 이주자들을 보호하시며
고아와 과부를 도와 일으키시나
악인들의 길은 굽게 하신다.
10. 여호와께서 영원히 다스리시니
네 하나님께서 대대로 통치하신다.
할렐루야

〈해석〉

시편 146편은 찬양시이다. 그리고 할렐루야로 시작해서 할렐루야로 끝맺는 형식은 시편 136, 146-150편에 나타나기에 이들을 "할렐루야 시편"이라 부른다. 유대교에서는 매일 아침 회당에서 이 찬송들을 부른다. 146편의 구조는 다음과 같다;

I. 찬양을 권유하는 회중	1-2절
II. 제사장의 화답 (찬양과 축복)	3-5절
III. 회중의 신앙고백	6-9절
IV. 찬양의 끝맺음	10절

"할렐루야"란 "여호와를 찬양하라"는 뜻이다. "할렐루"는 "찬양하라"란 뜻이고 "야"는 "여호와"의 준말로서 이 시편에는 "여호와" 혹은 "야"란 단어가 자주 반복되어 있는 것을 보면 철저히 주님을 주목하며 부른 찬송임을 알 수 있다.

여호와는 누구이신가? 6-9절에는 회중의 신앙고백이 나타나는데 '여호와'라는 단어를 반복하면서 여호와가 누구신지를 고백하고 있다. 요약해보면, 여호와는 천지를 지으신 창조주 하나님이며, 정의롭게 이 세상을 통치하셔서 압제 당하는 사람을 구해 주시며, 먹을 것을 공급하시는 분이시며, 자유를 빼앗긴 자에게 해방과 자유를 주시며, 이주자와 나그네와 고아와 과부를 보호하시고 격려하시는 분이시라고 고백하고 있다.

생명이 코끝에 있고 흙으로 돌아갈 수밖에 없는 한계가 있는 인생을 의지하는 사람은 허망해 지지만, 여호와 하나님께 기대를 걸고 희망을 설계하는 사람이야말로 행복한 사람이라고 외친다.

제150편

1. 할렐루야!
   성소에서 하나님을 찬양하라.
   하늘 웅장한 창공을 인하여 그 분을 찬양하라.
2. 그 분의 권능을 인하여 그 분을 찬양하라.
   그 분의 지극히 위대하심을 인하여
   그 분을 찬양하라.
3. 뿔나팔 소리로 그 분을 찬양하라.
   비파와 수금을 타면서 그 분을 찬양하라.
4. 소고 치며 춤추면서 그 분을 찬양하라.
   현금을 뜯고 피리를 불면서 그 분을 찬양하라.
5. 심벌즈의 소리로 그 분을 찬양하라.
   심벌즈의 환호소리로 그 분을 찬양하라.
6. 숨쉬는 사람마다 여호와를 찬양하라.
   할렐루야!

〈해석〉

시편 150편은 시편 전체를 끝맺는 결론 부분에 배치된 찬송이다. 할렐루야로 시작해서 할렐루야로 끝나는 시편으로서 이러한 시편은 146-150편에서 찾아 볼 수 있다. 찬양의 절정을 알리는 시편인데 '할렐루야'란 '여호와를 찬양하라'라는 뜻이다.

이 시편의 결론은 "숨쉬는 사람마다 여호와를 찬양하라."라는 마지막 가사로 요약할 수 있을 것이다. 온 우주를 창조하신 하나님께 드릴 우리의 응답은 하나님께 감사하고 찬양하는 것이다. 이러한 찬양은 종교와 인종과 언어의 차이를 떠나서 세계 만민이 부를 찬양이다. 그리고 나아가서 우주의 모든 만물들이 부를 찬양이라 할 수 있다.

시편은 이스라엘의 독특한 운율과 곡조로 불렀던 찬송이었다. 이러한 시편을 번역할 때 한국 사람은 한국의 운율인 4.4조로 번역할 필요가 있다. 다음은 시편 150편을 가사체로 번역한 예이다.[72]

성전에서 주하나님 찬송하고 찬양하세
하늘에서 크신능력 찬송하고 찬양하세
주님하신 엄청난일 찬송하고 찬양하세
그지없이 높으시네 찬송하고 찬양하세
나팔소리 우렁차게 찬송하고 찬양하세
거문고와 수금타며 찬송하고 찬양하세
북을치고 춤을추며 찬송하고 찬양하세
현금뜯고 피리불며 찬송하고 찬양하세
자바라를 쳐대면서 찬송하고 찬양하세
채를잡고 징을치며 찬송하고 찬양하세
숨을쉬는 생명들아 찬송하고 찬양하세
할렐루야 할렐루야 할렐루야 아---멘

72_ 박근원, 홍순원, "우리가락 예배시편 -가슴 벅차고 흐벅지게," 『기독교사상』 536호 (2003. 8), 251-252.

해 설

제1부 욥기

제2부 전도서

제3부 시편

제4부 지혜문학과 시편의 한국 수용사

해 설

제1부 욥기

이 세상을 살아가면서 고통 없이, 고난을 겪지 않고 살아가는 사람이 있을까? 아마도 아무도 없을 것이다. 그만큼 모든 사람은 크든 작든 각양각색의 고통을 겪어가면서 살아가고 있다. 때로는 입을 다물고 묵묵히 그 고통의 터널을 걸어가는 사람도 있고, 한숨을 쉬면서 소리치면서 걸어가는 사람도 있을 것이다. 때로는 너무 힘들어서 주저앉아있는 사람도 있을 것이다. 그러나 고통은 사람을 비켜가지 않는다. 우리는 어떻게 이 고통과 마주할 수 있을까?

욥기는 고통 가운데서도 이유를 알 수 없는, 도무지 그 까닭을 알 수 없는 고통에 대해 이야기하고 있다. 보통 몸살이 날 때도 아마도 내가 너무 무리하게 일을 했는가 보다 라고 생각할 수 있고, 시험에 낙방할 때도 내가 공부를 열심히 하지 않았기 때문에 이러한 결과가 나왔는가 보다 생각하기 마련이다. 그러나 갑자기 벼락이 치듯이 까닭 없이 덮쳐오는 고난과 고통에 대해서는 우리는 할 말을 잃고 혼란에 빠진다. 욥기는 이러한 상황을 보여주면서 우리에게 질문을 하고 있는 것이다.

이처럼 욥기는 누구나 공감할 수 있는 주제에 대해 이야기하고 있기 때문에 기독교에 대해서 혹은 성경에 관한 지식이 없다하더라도 쉽게 읽을 수 있는 책이기도 하다. 또한 욥기의 형식은 드라마의 대본이라 할 수 있는데 그 문학적인 우수성 때문에 많은 문학가들과 예술가들이 욥기에 심취하곤 하였다. 따라서 욥기는 기독교의 경전이라는 경계를 넘어서서 우수한 문학작품으로 널리 알려진 책이라 할 수 있다.

내용을 살펴보면 이스라엘 땅이 아니라 외국 땅인 우스라는 곳에 살고 있었던 욥에 관한 이야기이다. 그리고 욥의 친구들도 외국인이라는 점이 독특하다. 이스라엘 사람들은 하나님이 선택한 백성이라는 선민의식이 강한 민족인데 이처럼 외국 땅에서 일어난 외국인들의 이야기를 성경에 포함시킨 것은 참으로 뜻밖의 사건처럼 보여 진다. 그러나 선민의식이 강한 이스라엘 사람들도 이외로 지혜에 관해서는 국제적인 교류를 확대하고 포용하는 모습을 보여주고 있기 때문에 외국에서 일어난 지혜서인 욥기를 경전으로 포함시킨 것으로 추정된다.

욥기에는 전통적인 지혜서에서 듣기 힘든 주제에 대해서 대화를 주고받는 모습이 나타난다. 즉 "왜 의인이 고통을 당해야 하는가?"라는 질문에 대해서 치열한 논쟁이 벌어지고 있는 것이다. 그런데 욥기에는 이 주제가 그리 쉽게 풀려지지 않아 보인다. 과연 이 질문에 대한 해답을 제시한 것인지에 대해서 학자들 간에 논란이 벌어지고 있는 형편이다.

어쩌면 욥기를 읽는 독자가 이 질문에 대답하도록 초대받는 것같은 기분이 드는 책이다. 즉 욥기를 읽는 독자가 이 이야기 안으로 뛰어 들어 오기를 기다리는 드라마라 할 수 있다. 마치 판소리꾼이 열창을 하다가 청중들에게 내려와 질문을 던지면서 대답하기를 촉구하는 듯한 느낌이 드는 것이다.

우리 주위에는 도저히 어떤 모양으로도 설명할 수 없으면서 여전히 고통받는 사람들이 있으며 악의 문제는 엄연한 현실의 문제로 남아 있다. 욥의 고통이 우리의, 나 자신의 고통으로 느낄 때 우리는 욥기의 세계로 들어가게 되는 것이다. 그리고 욥의 몸부림이 우리의 몸부림임을 발견하고 체험할 때 이제 이 문제를 풀어나가려는 한 사람이 되는 것이다. 그리고 그 가운데서 하나님이 가르침을 받고 깨닫게 된다면 우리는 욥기를 비로소 이해하는 한 사람이 되는 것이다.

주인공인 욥은 자기에게 닥친 고통을 안고 뒹굴면서 하나님께 질문하고 하나님께 부르짖으며 대답해주시기를 요청하였다. 그것도 여러 번 자신의 처지를 한탄하면서 강력하게 하나님께 촉구하는 대담한 태도를 취하였다. 그런데 욥기의 마지막 부분에 가면 하나님께서 욥에게 나타나시는 장면이 있다. 그것도 욥을 칭찬하면서 욥에게 용기를 주시는 하나님의 모습으로 욥에게 나타나신 것이다.

I. 욥기의 저자

욥이 살았던 우스라는 곳이 어디인지 정확히 알 수는 없지만 에돔 지역일 것이라 짐작할 수 있는 정도다. 그리고 시대적 배경도 족장시대부터 페르시아 시대까지 다양한 주장이 쏟아져 나오고 있지만 정확한 것은 알 수가 없다. 운문 부분에는 고대 히브리어가 나타나고 산문 부분에는 후대 히브리어가나타나기 때문이다. 또한 저자에 대해서도 논란이 많다. 히브리어를 능숙하게 사용하는 것을 보아 이스라엘 사람인 것으로 추정할 뿐이다.

II. 욥기의 구조

욥기는 크게 산문 부분과 시(詩) 부분으로 나눌 수 있다. 이야기가 전개되는 산문 부분은 처음과 끝 부분에 나타나는데(1:1-2:13 ; 42:7-17), 산문 부분이 욥기의 외곽 틀을 이루고 있다. 그리고 대화 부분은 시로 이루어져 있는데 욥기의 중심부에 위치해 있다(3:1-42:6). 대화부분을 크게 나누어보면 욥의 세 친구 엘리바스, 빌닷, 소발과 욥과의 대화(3-31장)와 욥을 향한 엘리후의 말(32-37장), 그리고 하나님과 욥과의 대화(38:1-42:6) 등으로 다음과 같이 구성되어 있다.

Ⅰ. 머리말 - 1:1-2:13

Ⅱ. 대화부분 - 3:1-42:6

A. 욥의 독백 - 3:1-26

B. 세 친구와의 대화 - 4:1-27:23

C. 지혜시편 - 28:1-28

D. 욥의 열변 - 29:1-31:40

E. 엘리후의 말 - 32:1-37:24

F. 하나님과 욥의 대화 - 38:1-42:6

Ⅲ. 맺는 말 - 42:7-17

제2부 전도서

전도서는 지혜서 가운데서도 주옥같은 내용으로 구성되어 있지만 이상하게도 주목을 받지 못한 책이었다. 왜냐하면 우선 책 제목이 '전도서'라고 번역되어 있기에 무슨 선교에 관한 내용인가 하면서 오해를 받아왔기 때문이다. 책 제목은 히브리어 '코헬렛'을 번역한 것인데 '코헬렛'은 연설하는 사람을 가리키는 칭호인데, '설교자'로 번역할 수도 있다.

전도서를 저술한 저자에 대해서는 구체적으로 나와 있지 않지만 책 내용 가운데서 짐작할 수 있는 단서가 있다. 우선 "다윗의 아들 예루살렘 왕"(1:1)이라는 단서는 정확하지 않은 단서이다. 왜냐하면 책 내용 가운데 나타나는 저자는 신하의 입장에서 왕에 대해 말하고 있기 때문이다(8:1-8; 10:4). 따라서 저자는 왕이 아니라 지혜 교사인 한 설교자임을 알 수 있다. 저자를 왕으로 밝힌 이유는 고대 세계에서 저자를 유명한 인물로 돌리는 관습 때문인 것으로 보인다. 즉 실제 저자가 따로 있지만 지혜의 왕 솔로몬을 저자로 내 세운 것이다.

좀 더 저자에 대해 살펴본다면, 전도자는 상류 사회 출신으로 재산도 많고 교육도 많이 받았으며 여러 곳에 여행도 많이 한 지혜자임을 알 수 있다. 또한 청년들을 교육시키는 지혜교사로 짐작된다. 그런데 중요한 것은 이 지혜자가 늙어 노인이 되었다는 사실이다. 평생을 돌아보며 자신이 살아 온 삶과 세상의 모습을 재평가 하면서 정말 진실 된 면모가 무엇인지 정밀하게 관찰하려는 태도를 보이고 있다. "진리가 너희를 자유케 하리라"는 성경 말씀과 같이 진리를 가감 없이 전달하여 듣는 사람들이 자유를 누릴 수 있게 하려는 의욕이 돋보이는 내용들로 가득 차 있다.

한 가지 덧붙일 것은 전도서의 내용이 비관적이고 염세적이라는 선입관을 경계해야 한다는 것이다. 언뜻 보기에 염세적인 내용 같지만 자세히 살펴보면 오히려 삶을 긍정하고 즐기며 행복하게 살아라는 메시지가 핵심 메시지임을 알 수 있다.

또한 전도서는 소위 "다섯 두루마리" 중의 하나인데 이스라엘의 축제 가운데 가을 축제인 장막절 때 읽혀지는 책이다. 장막절은 과일을 추수하는 추수절기이며 이제까지 비가 오지 않던 기후가 비가 내리는 우기로 전환되는 전환점이기도 하다. 비가 내리면 희망을 품고 씨앗을 뿌릴 수 있기 때문에 일년 중 가장 희망찬 절기이기도 하다.

지금도 장막절이 되면 이스라엘 사람들은 텐트를 치고 거기서 며칠간 지내게 된다. 이렇게 캠핑을 하는 이유는 노예의 땅 이집트를 탈출해서 메마른 광야 생활을 할 때 얼기설기 텐트를 치고 살았던 역사를 회상하기 위해서이다. 동시에 죽음의 땅 광야를 지낼 때 만나와 메추라기와 반석에서 솟아나는 샘물로 죽지 않고 지낼 수 있었던 것은 모두 하나님의 은혜라는 점을 회상하기 위해서이다. 장막절이라는 감사 절기에 특별히 전도서를 읽었다.

I. 전도서의 구조

전도서를 살펴보면 전반부와 후반부로 나눌 수 있는데 단어 수를 계산하여 나눌 수 있다. 즉 1:1-6:9a에 491단어가 나타나고 6:10-12:14에 동일하게 491단어가 나타난다. 비록 중세 때 절 수가 나누어졌지만 전반부에 111절, 후반부에 111절로 구분되는 것은 우연한 일이 아니다. 그리고 중앙에 자리 잡고 있는 6:9b에는 "이것도 덧없어 바람을 잡는 것이구나"가 나타나 명실공히 전도서의 절정을 보여주고 있다.

내용면에 있어서도 전반부와 후반부는 구별된다. 전반부에서는 인생의 불확실한 상황과 그 대처방법을 이야기하고 있고, 후반부에서는 인생의 모호한 상황(위험과 죽음 등)과 거기에 대한 대처방안을 이야기하고 있다. 전반부와 후반부로 나누고 세부적으로 상황과 거기에 대한 대처방안이 전후반 동일하게 나타난다는 사실을 주목하여 전도서의 구조를 밝히면 다음과 같다;

Ⅰ. 머리말 1:1-11
- 1:1 표제
- 1:2-11 인간의 노고에 관하여

Ⅱ. 삶을 관찰함 1:12-6:9
- 1:12-2:26 지혜와 소유물이 완전한 행복을 보장하는가?
- 3:1-15 모든 일에는 때가 있다.
- 3:16-4:3 오호라 학대받는 자에게 위로자가 없구나!
- 4:4-16 열심히 일하는 것은 좋은 것인가?
- 5:1-9 하나님을 경외하라.
- 5:10-6:9 재물과 장수(건강)는 행복을 보증하는가?

Ⅲ. 전도자의 결론 6:10-11:6

6:10-7:14 무엇이 인간에게 좋은가?

7:15-24 지나치게 의인이 되지 말라.

7:25-29 인간이 한 일이 무엇이냐?

8:1-17 정의가 무너진 세상에서

9:1-12 사랑하는 아내와 함께 즐겁게 살아라

9:13-10:1 어리석음이 지혜를 몰아내는 현실에서

10:2-11:6 불확실한 미래 앞에서

Ⅳ. 맺는 말 11:7-12:8

11:7-12:8 인생을 즐겁게 살아라!

Ⅴ. 후기 12:9-14

제3부 시편

Ⅰ. 시편은 악보가 사라진 찬송가

시편이 무엇인가? 한 마디로 이스라엘 백성의 찬송가였다. 지금 우리가 가지고 있는 찬송가는 모두 악보가 있는 찬송가다. 그러나 어릴 때 보았던 찬송가는 악보가 없었고 가사만 있는 찬송가였다. 인쇄된 찬송가책이 값이 비싸 구하기 힘든 신자들은 가사만 인쇄되거나 혹은 필사된 찬송가책을 갖고 있었다. 그런데 모두들 찬송가를 외우다 시피 했기 때문에 가사만 있는 찬송가로도 전혀 불편함이 없었다.

이스라엘 백성이 찬송(시편)을 부르던 고대에는 모두들 찬송가(시편)를 외우던 시절이었기에 기록으로 남겨진 것들도 악보가 없고 가사만 전해져 온 것이다. 그러나 오늘날에는 그 악보를 기억하는 사람이 없기에 우리는 가사를 대하는데 마치 이야기책을 대하듯 읽고 있다. 이것은 아무리 생각해도 알맹이가 빠져있다고 볼 수 있다. 찬송가(시편)가 노래로 불리어지지 않고 읽혀지기만 하다니!

그러므로 시편은 눈으로 읽는 것이 아니고 소리내어 읽는 것이며, 나아가서 소리내어 불러야 한다. 가능하면 악보를 만들어 곡조있는 찬송가로 불러야 할 것이다. 때로는 이스라엘 사람들이 민요곡조로 불렀듯이 한국사람이 부를 때는 한국민요 가락으로도 부를 필요가 있다.

Ⅱ. 시편은 찬송가이며 기도

시편을 읽고 있으면 그 내용이 우리의 기쁨, 고통, 슬픔 등 우리가 느끼는 감정과 정서가 고스란히 표현되어 있음을 발견할 수 있다. 그리고 시편을 읽으면서 자연스럽게 그 내용이 바로 우리 자신의 찬양, 감사, 탄원, 기도가 되는 모습을 체험할 수 있다.

그 가운데서도 시편의 기도문을 읽으면 자연히 시편이 나의 기도가 되는 것을 경험할 수 있다. 그 옛날 이스라엘 사람들이 기도했던 그 기도가 나의 기도가 되는 특이한 경험 속에서 우리는 신앙의 신비로운 느낌을 체험할 수 있게 되는 것이다. 그래서 시편을 영혼의 노래라 부르는 것이다.

이러한 까닭에 고대로부터 시편은 신앙적인 수양에 많은 도움을 주는 것으로 알려져 있다. 성숙한 신앙인이 되기 위해서는 수양의 과정이 필요한데 시편은 이러한 목표를 도울 수 있는 귀한 찬송가다. 수양을 위해서는 반복이 필수적이다. 그런데 시편은 외우기 쉬운 찬송가이기에 외워서 언제나 어느 때나 부를 수 있다. 따라서 찬송가인 시편을 부르면서 일상생활 가운데서도 신앙적인 수양을 계속할 수 있게 되는 것이다.

Ⅲ. 시편의 구조와 형성, 그리고 표제

구약에는 시편에 150편이 수록되어 있다. 한글 성경에는 이 시편을 5권으로 구별하고 있는데(1-41, 42-72, 73-89, 90-106, 107-150편). 이렇게 5권으로 나눈 이유는 창세기부터 신명기까지 5권으로 된 토라(5경)와 함께 읽고 찬양하기 위해서 였다. 토라(오경)가 인간을 향한 하나님의 계시라면 시편은 하나님을 향한 인간의 응답이기에 함께 읽고 함께 찬양하는 것이다.

150편 중 116편에는 다양한 표제가 있다. 표제는 시편 본문보다 후대에 붙여진 것이지만 표제를 통해서 저자에 대한 단서를 발견하기도 하고 시편의 다양한 모음집이 있었다는 단서도 발견할 수 있다. 시편이 최종적으로 편집되기 전에 다양한 모음집들이 있었는데 그 중에 "다윗의 시"라는 표제가 붙은 시편들은 "다윗이 지은 시, 다윗의 이름으로 수집된 시, 예루살렘 성전에서 불려진 찬송"이라는 다양한 의미로 번역될 수 있는 시편들이다.

또 다른 모음집은 레위인 성가대인 고라와 아삽 성가대의 시편이 있는데 이들은 주로 1-3권에 들어 있다. 즉 고라 시편(42-49편, 84-85편, 87-88편)과 아삽 시편(50편, 73-83편) 사이에 제2다윗 모음집(51-72편)이 들어가고 그 다음 제1다윗 모음집(3-41편)이 합쳐져서 첫 3권이 형성되었을 것으로 짐작된다.

4-5권에는 '여호와의 왕권에 대한 시편들'(93-99편)과 '성전에 올라가는 순례자의 찬양'(120-134편)이 있으며 '할렐루야'로 시작되는 시편들(104-106편, 111-113편, 115-117편, 135편, 146-150편)이 포함되어 있다. 1-3권에는 기도가 중심축이라면 4-5권에는 찬양이 핵심임을 알 수 있다.

이러한 형성과정을 통해 알 수 있는 것은 시편은 다윗 시대인 주전 11세기 이전부터 만들어져 수집되어 왔으며 오랜 기간 동안 편찬되어 왔음을 알 수 있다. 그리고 다양한 저자에 의해 만들어진 시편이 오늘날 까지 전해져 왔음을 또한 알 수 있다.

표제가 후대에 첨가된 것에 대해서 한글 성경에도 작은 글씨로 혹은 괄

호 안에 넣어 표시하고 있다. 심지어 영국 성경(NEB)에는 후대에 첨가되었다는 이유로 표제를 번역에서 삭제하기도 하였다. 그런데 히브리어 성경에는 표제를 제1절로 인정하고 있다. 비록 표제가 후대에 첨가되었지만 신앙공동체에 의해 첨가된 부분이기에 경전으로 인정할 수 있다는 것이다. 이것이 성경의 전통이다. 성경의 전통은 후대에 첨가된 부분도 혹은 후대에 해석한 부분도 모두 동일한 권위가 있는 경전의 한 부분으로 인정하고 있다. 그만큼 성경 해석을 중요시하는 전통이라 하겠다.

Ⅳ. 시편의 장르

시편에는 다양한 장르, 즉 찬양시, 감사시, 탄원시, 제왕시, 시온의 노래, 지혜시 등이 있다.

1. 찬양시(Hynms of Praise)

(8, 19:1-6, 29, 33, 65, 67, 68, 96, 98, 103-105, 111, 113, 114, 117, 135, 136, 145-150편)

찬양의 내용을 살펴보면 천지만물을 창조하신 창조주 하나님을 찬양하고, 지금 역사를 이끌어 가시는 하나님을 찬양하고 있다. 특히 공동 예배 때에 부르는 할렐루야('여호와를 찬양하라'는 뜻) 찬양은 무척 감격적이다(113, 117, 135, 146-159편).

이러한 까닭에 하나님을 찬양하는 찬양시에는 다음과 같은 중요한 요소를 발견할 수 있다.

1) 찬양에 초대함 - "온 땅이여 찬양하라, 새 노래로 찬양하라"

2) 찬양의 이유를 밝히는데 창조 하나님과 역사의 주관자이신 하나님을

찬양한다 - "지혜로 하늘을 지으신 이에게 감사하라."

3) 간구와 축복 - "여호와께서 자기 백성에게 평강의 복을 주시리로다."

2. 감사시

개인 감사시(18, 30, 32, 34, 40:1-11, 41 66, 92, 100, 116, 118, 138편)

민족 감사시(65-67, 118, 124편)

감사시를 다시 분류하면 개인 감사시와 민족 감사시(공동 감사시)로 나눌 수 있다. 기본적으로 감사시는 지난날의 은혜로운 사건들을 회상하면서 하나님께 감사드리는 것이다. 히브리어에 "감사하다"는 말은 "고백하다", "찬양하다"라는 말로도 번역되므로 찬양시와 비슷한 모습이 있다.

감사시의 첫 부분은 확신(여호와여… 주께서 나를 고치셨나이다. 30:2), 고백(야웨는 나의 반석이요 18:2) 등으로 시작한다. 그리고 감사시의 핵심 부분은 어떤 어려움에서 하나님께서 구해주셨는지에 대해서 감사를 드린다. 예를 들면 질병, 박해 등의 고난을 표현하고 주님께서 치료하시고 구해주셨다고 감사드리는 것이다. 마지막은 찬양과 감사의 맹세로 끝을 맺는다.

3. 탄원시

민족 탄원시 (10, 12, 41, 58, 60, 68:28-31, 74, 79, 80, 83, 85:4-7, 89:46-51, 90:1-7, 123, 126:4-6, 129:5-8, 132:1-10, 137, 144:1-11)

개인 탄원시 (3, 4, 5, 6, 7, 13, 17, 22:1-21, 25, 26, 27:7-14, 28, 31, 35, 38, 39, 40:11-17, 41:4-10, 42, 43, 51, 52, 54, 55, 56, 57:1-7, 59, 61, 63, 64, 69, 70, 71, 77:1-9, 86, 88, 102:1-11, 109, 120, 130, 139:19-24, 140, 141, 142, 143편)

탄원시도 개인 탄원시와 민족 탄원시(공동 탄원시)로 나눌 수 있다. 탄원시는 현대 겪고 있는 어려움과 고통을 하나님께 토로하면서 구해주시기를 간구하는 시편이다. 원래는 이 시를 '탄식시'로 분류했는데 단순히 탄식하는 것이 아니라 하나님을 향해 기도하는 마음이 많은 부분을 차지하는 것을 보면서 '탄원시'로 분류하게 되었다.

탄원시의 내용을 살펴보면, 첫 부분은 여호와의 이름을 부르며 호소로 이루어진다(여호와여 나를 건지소서!). 그리고 탄원시의 핵심부분은 현재 무슨 어려움을 겪고 있는지를 상세히 하나님께 쏟아놓는다. 그리고 자신의 신앙도 고백한다. 마지막 부분은 갑자기 반전을 일으키는 장면이 나타나는데 이것이 탄원시의 극적인 부분이며 감격적인 부분이다. 마치 어려움과 고난의 문제가 해결된 것처럼 확신 있는 말을 하면서 감사를 드리고 있기 때문이다.

4. 제왕시, 시온의 노래, 순례자의 노래

제왕시(2, 18, 21, 32, 44, 45, 72, 89, 101, 110, 132, 144편)
시온의 노래(46, 48, 76, 84, 87편)
순례자의 노래(15, 24, 120-134편)

제왕시, 시온의 노래, 순례자의 노래 등에 핵심적인 내용은 여호와께서 왕으로 세계를 다스리며 하나님께서 계시는 예루살렘 성전과 예루살렘이 위치한 시온성을 노래한다는 것이다. 구체적인 내용을 살펴보면 다윗 왕조를 하나님께서 선택하셔서 이 땅을 정의와 공의로 다스리신다는 내용이 자주 나타난다.

이 가운데 해발 830m에 위치해 있는 예루살렘 성전을 향해가는 순례자들이 부르는 "순례자의 노래"는 성전을 사모하고 하나님을 만나 뵙고 싶어

하는 간절한 마음이 가득 담겨 있다. 특히 순례자의 노래에는 지도자와 마을 사람들을 향한 공동체적 애정을 표현하는 부분이 많이 나타난다.

5. 신뢰의 시, 지혜의 시, 율법시(토라시)

신뢰의 시 (11, 16, 23, 27:1-6, 62, 63, 91, 121, 125, 13편)
지혜의 시 (36, 37, 49, 73, 78, 112, 127, 128, 133편)
율법시(토라시, 1, 19:7-14, 119편)

대표적인 신뢰의 시는 시편 23편이다. 비록 어려움에 처해진다 하더라도 하나님을 향한 굳건한 믿음과 신뢰를 고백하는 시편이다. 시편에는 생각보다 지혜의 시가 많이 들어 있다. 잠언이나 전도서, 그리고 욥기에서 발견할 수 있는 지혜의 주제가 나타나는 시편인데 악인의 형통을 보고 고민하는 모습이 나타나는 시편 73편의 경우가 대표적이다. 마지막으로 율법시(토라시)가 있는데 시편 1편과 119편이 대표적이다. 찬송가인 시편을 오경(토라)과 같이 읽어라는 권유를 그 가운데서 발견할 수 있다.

V. 시편과 예배

시편은 찬송가이기에 제사(예배)를 위해 작곡 작사되었으며, 성가대에 의해 불리어졌고 많은 예배자들이 함께 불러왔던 찬송가였다. 따라서 시편 안에는 예배 상황이 많이 반영되어 있고 예배라는 상황을 떠나서 시편을 이해하기는 힘들다.

시편에는 성전 입장(시 5:7), 성전 도착(시 122:1), 제단 앞(시 26:6-7), 입장 행렬(시 68:24-27), 악기 사용, 찬양 권유, 간구 등의 요소들이 바로 예배와 관련되는 부분들이다. 개인적으로 제사를 드릴 때도 있지만 대부분 공동예배를 드리는데 매일, 안식일, 새 달, 절기, 대관식 때 예배를 드렸다.

예배와 관련된 또 다른 중요한 요소는 시편 150편을 오경과 더불어 3년에 모두 읽어간다는 관습이다. 일 년이 52주이기에 3년을 읽으면 150편을 넉넉히 읽을 수 있게 되는 것이다.

시편을 오경(토라)처럼 읽는다는 것은 후대의 관습인데 이러한 관습 때문에 시편 배열이 변경된 경우도 있다. 시편을 연속적으로 읽다보면 절기에 적합한 시편을 그 위치에 배열할 필요가 있는 것이다. 그래서 한 편의 시를 인위적으로 나누거나 혹은 동일한 내용이 중복되어 나타나는 경우도 있다.

제4부 지혜문학과 시편의 한국 수용사

구약성경에 있는 대표적인 지혜문학은 잠언, 전도서, 욥기, 아가 등이다. 그런데 지혜문학은 이러한 책들 뿐 만 아니라 구약 전반에 걸쳐 나타난다. 예를 들면 창세기 마지막 부분에 수록되어 있는 요셉 이야기는 전형적인 지혜 이야기로서 청소년들을 교육시키는 교재라 할 수 있다.

이 뿐 아니라 신약에도 지혜는 계속 나타난다. 예수님이 하신 이야기에는 비유가 많이 나타나는데 이것 또한 전형적인 지혜교사의 테크닉이 담겨 있는 지혜 이야기이다. 예수님을 지혜교사로 본다면 예수님의 말이나 행동 속에 지혜로 설득하는 모습을 많이 발견할 수 있다.

지혜문학이 왜 성경에 이렇게 많이 나타나는 것인가? 만일 하나님이 강제로 세상을 이끌어 가신다면 설득이나 지혜라는 요소는 필요 없고 시간 낭비에 불과할 것이다. 그러나 하나님은 인간을 만드실 때 자유롭게 선택할 수 있는 자유선택권을 주셨기 때문에 하나님도 사람을 강제로 이끌지 않으시는 것이다. 그럼에도 불구하고 하나님의 뜻을 관철하시려고 할 때는 지혜로 설득하는 방식을 사용할 수밖에 없다. 이러한 측면에서 지혜는 성경 전반에 나타나는 필수적인 요소일 수밖에 없다.

지혜의 또 다른 중요한 측면은 지혜가 소통의 통로라는 점이다. 왜냐하면 지혜는 인간의 경험에서 우러나온 것들로 가득 차 있기 때문이다. 인간의 이러한 보편적인 경험은 문화와 언어와 인종의 차이를 뛰어 넘어 공감할 수 있는 바탕이 된다. 예를 들어 '부지런하고 성실하게 살아라'는 교훈은 어느 문화권에서나 공통적으로 선호하는 내용이다. 이러한 이야기를 하면 누구나 공감할 수 있고 서로 소통할 수 있는 통로를 마련할 수 있다.

이러한 까닭에 지혜문학은 선교의 문을 여는 첫 걸음에 많이 활용되었다. 중국과 한국에 성경이 소개되고 기독교가 소개될 때도 지혜문학이 먼저 소개되었고 알려졌다.[73]

마테오 리치(Matteo Ricci, 利瑪竇, 1552-1610)는 중국 선교 초기에 먼저 지혜문학을 활용하여 우정에 대해 이야기하는 『交友論(교우론)』(1595)을 저술하였고, 명문장을 모은 『二十五言(이십오언)』을 저술하였다.[74] 또한 그는 이야기와 지혜를 모아 『畸人十篇(기인십편)』(1606)을 저술하였다. 『기인십편』에는 지혜문학 성경구절이 인용되었는데 구약에서 6회, 외경에서 2회, 신약에서 8회 인용되었다.

성경의 지혜문학을 인용한 중요한 책은 『七克(칠극)』(1614)인데 예수회 선교사인 빤또하(Diego de Pantoja, 1571-1618)에 의해 저술되었다.[75] 이 책은 기독교 심신수양서(心身修養書)라 할 수 있는데 성경구절이 145회 287

73_ 이 주제에 대한 연구는 다음의 논문을 요약한 것이다. 정중호, "17-18세기 한국 선교와 지혜문학 -『칠극』,『기인십편』,『셩경직히』를 중심으로,"『선교와신학』(2016).

74_ Matteo Ricci, 송영배 역주, 『교우론. 스물다섯 마디 잠언. 기인십편』(서울: 서울대학교출판부, 2000), 471; 김상근, "명말(明末) 예수회 선교사 마테오 리치에 대한 새로운 평가,"『선교신학』Vol.12 (2006), 4.

75_ 裵賢淑, "17.8세기에 전래된 천주교서적,"『교회사연구』3집 (1981. 8), 39.

절 인용되었고 이러한 성경 인용문들이 17세기에 조선에도 소개되었다. 당시 조선에는 공식적인 문자가 한문이었기에 조선의 선비들은 한문 서적을 번역할 필요없이 읽을 수 있었다. 또한 중국에서 간행된 서책들은 큰 시차 없이 조선에도 유입될 수 있었기에 예수회 신부들이 저술한 이러한 책을 큰 어려움 없이 읽을 수 있었던 것이다.

이익은 『칠극』을 "우리 유가들이 자기를 극복하는 바의 이론과 같다(吾儒克己之說也)"고 하면서 긍정적으로 평가하였다.[76] 이 외에도 이 당시 지혜문학을 많이 소개한 기독교 책으로는 『셩경직히』를 들 수 있는데 이 책에는 4복음서의 30.68%가 번역되어 있다.[77] 『셩경직히』는 1790년대의 역관인 최창현(崔昌顯)에 의해 한글로 번역되었는데 이 책의 주석이나 잠(箴)에 지혜문학이 많이 포함되어 있다.[78]

시편도 조선에 일찍부터 소개된 성경이었다. 특이하게도 시편은 장례식 때 드리는 '연도기도문'으로서 소개되었다. 개신교와는 달리 천주교에서는 연옥을 인정하기에 장례식 때 연도기도문을 함께 읽는 관습이 있었다.[79]

천주교 장례에 관한 예식서인 『텬쥬셩교례규(天主聖敎禮規)』는 다블뤼(M. N. A. Dableuy, 安敦伊) 주교가 라틴어본인 『로마예식서(Rituale Romanum)』를 토대로, 한문본인 『聖敎禮規(성교예규)』를 번역한 것이다.[80] 이 책은 1865년에 상 · 하 2책의 목판본으로 간행되었다.[81] 이 책에는

76_ 李瀷, 『僿說』 권11, 人事門七克. 김승혜, "『七克』에 대한 연구-그리스도교와 신유학의 초기접촉에서 형성된 수양론," 『교회사 연구』 제9집(1994, 10), 184에서 재인용.

77_ 조화선, "'셩경직히'의 연구", 최석우신부회갑기념 『한국교회사논총』 3집(서울: 한국교회사연구소, 1982), 256-261.

78_ 조한건, "『셩경직해광익』 硏究," (미간행 박사학위논문, 서강대학교, 2012), 65-66.

79_ 정중호, "19세기 이전 시편 번역과 해석의 역사," 『구약논단』, 21권 2호 (2015), 65~90,

80_ 강영애, 『한국 천주교 상장례노래 煉禱』 (민속원, 2007), 71.

81_ 하성래, "한국 천주교회의 한글 번역 활동," 한국교회사연구소편, 『한국 천주교회사의 성찰』(한국교회사연구소, 2000), 525.

시편 130, 51, 113, 119, 24, 148, 149, 150편 등이 번역되어 있다.

이 가운데 150편을 소개하면 다음과 같다. 원래 띄어쓰기가 되어 있지 않은데 읽기에 편하도록 띄어쓰기를 하였다. 그리고 천주교에서는 시편을 '성영'이라 번역하였다.

> 셩영 뎨일빅오십
>
> 그 거륵ᄒᆞ신 쳐소에 쥬ᄅᆞᆯ 찬숑ᄒᆞᆷ이여 그 견강ᄒᆞ신 좌에 쥬ᄅᆞᆯ 찬숑ᄒᆞᆯ지어다
> 쥬의 권능을 찬숑ᄒᆞᆷ이여 쥬의 무량이 크심대로 찬숑ᄒᆞᆯ지어다
> 호긔ᄅᆞᆯ 불어 쥬ᄅᆞᆯ 찬숑ᄒᆞᆷ이여 현악으로 (현악은 줄노ᄆᆞᆫᄃᆞᆫ 풍류라) 뎌ᄅᆞᆯ 찬숑ᄒᆞᆯ지어다
> 도고의 (도고ᄂᆞᆫ 북죵류라) 소릐로 쥬ᄅᆞᆯ 찬숑ᄒᆞᆷ이여 고슬과 풍금으로 뎌ᄅᆞᆯ 찬숑ᄒᆞᆯ지어다
> 금셩으로 (쇠로 ᄆᆞᆫᄃᆞᆫ 풍류라) 쥬ᄅᆞᆯ 찬숑ᄒᆞ고 희락ᄒᆞᄂᆞᆫ 풍류로 뎌ᄅᆞᆯ 찬숑ᄒᆞᆷ이여 함셩들은 다 쥬ᄅᆞᆯ 찬숑ᄒᆞᆯ지어다[82]

이처럼 조선에 처음 소개된 시편이 기도문으로 소개되었다는 점이 특이하고, 일찍부터 한국의 전통적인 가락에 맞추어 성도들이 장례식 때 함께 시편을 읽으면서 기도를 드렸다는 점이 한국 시편 수용의 역사상 특이한 점이다. 또한 한국에 소개된 성경의 역사가 적어도 400여년이 되었기에 성경을 읽고 해석하는 기반이 견고하게 형성되었고 그 바탕 위에 한국 기독교가 세워진 것이다.

82_ 민아오스딩 감쥰, 『텬쥬셩교례규』(京城, 1887).

참고문헌

참고문헌

- 지혜서와 시편에 대해 계속해서 연구하고자 하는 독자를 위한 추천 문헌

김이곤, 『시편: 노여움은 잠깐 은총은 평생』 서울: 한국성서학연구소, 1999.

문희석편, 『오늘의 지혜문학연구』 대한기독교출판사, 1979.

박동현, 『아쉬레 하이쉬-히브리어 시편 읽기』 서울: 비블리카 아카데미아, 2008.

브루지만, W. 장일선 역, 『지혜전승연구』 대한기독교출판사, 1980.

이성훈, 『시편 새롭게 읽기, 서울: 대한기독교서회, 2005.

정중호, "삶을 기쁨으로 살아라: 전도서 9-12장," 『그말씀』 통권 36호(1995) 141-149.

______, 『시편해석과 찬양』 계명대학교출판부, 2013.

______, "흔들리지 않는 하나님의 성 (시편 46편)," 『성경연구』 7(1995), 21-32.

______, "힘과 용기의 원천-시18편," 『기독교사상』 459(1997), 213-224.

______, "포로된 이스라엘이 기뻐하는 이유는?(시편 14:1-7)," 『성경연구』 82(2001), 28-38.

______, "구름기둥에서 응답하시는 하나님 (시 99:1-9)," 『성경연구』 89 (2002), 36-46.

천사무엘, 『지혜전승과 지혜문학』 서울: 동연, 2009.

크렌쇼, J. L. 강성열 역, 『구약 지혜문학의 이해』 한국장로교 출판사, 1993.

포프, M. H. 이군호 역, 『욥기』 한국신학연구원, 2001.

하경택, 『질문과 응답으로서 욥기 연구(개정증보판)』 서울: 한국성서학연구소, 2016.

Davis, E. E. *Proverbs, Ecclesiastes, and the Song of Songs* Louisiville: Westminster John Knox, 2000.

Fox, M. V. *A Time to tear down & a time to build up*. Grand Rapids: William B. Eerdmans, 1999.

Janzen, J. G. *Job* Atlanta: John Knox, 1985.

Kruger, Thomas, *Qoheleth*. Fortress Press, 2004.

Lohfink, N., *Qoheleth*. Minneapolis: Fortress Press, 2003.

Seow, C. L. *Ecclesiastes*, AB, Doubleday, 1997.

Wharton, J. A. *Job* Louisiville: Westminster John Knox, 1999.